biblioteca

Biblioteca Âyiné 25
O poeta e o tempo
Marina Tsvetáeva

© Editora Âyiné, 2018, 2022
Nova edição revista
Todos os direitos reservados

Tradução Aurora Fornoni Bernardini
Preparação Ligia Azevedo
Revisão Giovani T. Kurz, Tamara Sender
Imagem de capa Julia Geiser
Projeto gráfico Renata de Oliveira Sampaio
ISBN 978-65-5998-013-0

Âyiné

Direção editorial Pedro Fonseca
Coordenação editorial Luísa Rabello
Coordenação de comunicação Clara Dias
Assistente de comunicação Ana Carolina Romero
Assistente de design Rita Davis
Conselho editorial Simone Cristoforetti, Zuane Fabbris, Lucas Mendes

Praça Carlos Chagas, 49 — 2º andar
30170-140 Belo Horizonte, MG
+55 31 3291-4164
www.ayine.com.br
info@ayine.com.br

O poeta
e o tempo
Marina
Tsvetáeva

Tradução de Aurora Fornoni Bernardini

Âyiné

7	O poeta e a crítica
55	O poeta e o tempo
89	A arte à luz da consciência

O POETA E A CRÍTICA

Souvienne vous de celuy à qui comme on demandoit à quoi faire il se peinoit si fort en un art qui ne pouvoit venir à la cognoissance de guère des gens, «J'en ay assez de peu», répondit-il. «J'en ay assez d'un. J'en ay assez de pas un.»
Montaigne

A crítica: ouvido absoluto do futuro.
M. C.

I. Não pode ser crítico...

A primeira obrigação de um crítico de poesia é de não escrever, ele mesmo, poemas ruins. Ou pelo menos de não publicar esses poemas.

Como é possível acreditar na voz, digamos, de N., que não percebe a mediocridade de seus próprios versos? A primeira virtude do crítico é a visão penetrante. E esse fulano que um: escreve; e dois: publica — é um cego! Mas se pode ser cego para suas próprias coisas e ver bem as coisas dos outros. Exemplos não faltam. Como a lírica medíocre do grandíssimo crítico Sainte-Beuve. Em primeiro lugar, Sainte-Beuve parou de escrever, ou seja, ele agiu em relação a si mesmo enquanto poeta exatamente como um grande crítico: avaliou e julgou. Em segundo lugar, mesmo que tivesse continuado a escrever, o Sainte-Beuve poeta fraco seria resgatado pelo Sainte-Beuve grande crítico, guia e profeta de uma geração inteira. Os versos foram uma fraqueza do grande homem, nada mais. Fraqueza do homem e exceção à regra. O que não se perdoa a um grande!

Mas voltemos ao que estávamos dizendo. Sainte-Beuve, que tem atrás de si uma grande atividade criativa, parou de escrever versos, ou seja, renegou o poeta dentro de si. N., que não tem atrás de si nenhuma atividade, não se detém, ou seja, insiste em si mesmo enquanto poeta. O forte, que tinha o direito de ser fraco, renunciou a ele. O fraco, que não tinha esse direito, afundou-se nele.

Juiz, condena a ti mesmo!

A condenação de si próprio, enquanto poeta, por parte do grandíssimo crítico Sainte-Beuve, vem bem a propósito: naquilo que eu escrevo, o que é ruim nunca será chamado bom (à parte a autoridade, as avaliações coincidem: aquilo que ele acha ruim eu também acho).

O Sainte-Beuve crítico que condena o Sainte-Beuve poeta é o máximo da infalibilidade e da impecabilidade de um crítico.

O medíocre crítico N., que encoraja o poeta medíocre em si mesmo, me assegura de que naquilo que eu escrevo achará ruim o que é bom (à parte a descrença na sua voz, as avaliações não batem: se *isso* é bom, aquilo que eu faço certamente é ruim). Caso me coloquem como exemplo Púchkin, eu, claro, ficarei calada refletindo. Mas não me coloquem como exemplo N. — não o aceitarei e cairei na gargalhada! (O que são os versos de um crítico de poesia ensinado por todos os erros alheios senão um modelo? E ainda por cima de perfeição? Quem quer que publique seus próprios versos dirá: são bons. Já um crítico, ao publicar os seus, dirá: são exemplares. Logo, o único poeta que não merece condescendência é o crítico, tal como o único acusado que não merece indulgência é o juiz. *Eu só julgo os juízes*.)

A autoilusão do poeta N. é a confirmação da falibilidade e da não punibilidade do crítico N. Por não ter julgado a si próprio, ele se tornou suspeito e transformou a nós, suspeitos, em juízes. Simplesmente não vou julgar o mau poeta N. Para isso existe a crítica. Mas vou julgar, isso sim, N., culpado do delito de que me acusa. Um juiz culpado! Revisão imediata de todos os atos do processo!

Quando não houver uma grande atividade criativa e uma grande personalidade atrás dela, *vigora a lei*: versos ruins são imperdoáveis para um crítico de poesia. E se for um crítico ruim, mas que escreve bons versos? Não, os versos também são ruins. Versos ruins, mas boa crítica? Não, a crítica também é ruim. N. poeta tira a confiabilidade de N. crítico, e vice-versa. De qualquer lado que se tome a coisa...

Vou confirmar isso com um exemplo vivo. G. Adámovitch, acusando-me de negligência quanto à mais elementar das sintaxes, na mesma resenha, algumas linhas abaixo ou acima, vale-se deste arranjo de palavras: «com voz seca, atrevidamente quebrada». A primeira coisa que eu senti foi: tem algo desconexo!! Uma voz que se quebra é algo acidental, não proposital. Já o atrevimento depende da vontade. A palavra «atrevidamente» é uma definição da maneira de quebrar, ou seja, suscita a pergunta: como foi mesmo que se quebrou? E não: por que se quebrou?

Pode uma voz se quebrar atrevidamente? Não. Por causa do atrevimento, sim. Vamos substituir «atrevidamente» por «insolentemente» e repetir o experimento. A resposta é a mesma: por causa da insolência, sim; insolentemente, não. Isso porque o atrevimento e a insolência são intencionais, ativos, enquanto a voz que se quebra é acidental, passiva. (Voz que se quebra. Coração que quase para. O exemplo é o mesmo.) O que se deduz é que eu, propositadamente, quebrei minha voz. Conclusão: ausência da sintaxe mais elementar e — o que é mais sério — de lógica. Impressionismo, cujas raízes, por sinal, conheço perfeitamente, mas cujo pecado não cometo. Adámovitch quis dar ao mesmo tempo a impressão de arrogância e de voz quebrada, apressando e reforçando a impressão. Recorreu às palavras sem pensar. Abusou delas. Agora, para encerrar a lição: raivosamente quebrada, sim. Visivelmente quebrada, sim. Raivosamente, visivelmente, langorosamente, sensivelmente, maldosamente,[1] nervosamente, sentidamente, risonhamente. Serve tudo o que não contém premeditação e atividade, tudo o que não brigue com a passividade de uma voz quebrada.

Atrevida e quebrada, sim — quebrando-se pelo atrevimento, sim, mas atrevidamente quebrada, não.

Médico, cura a ti mesmo!

Uma fileira de transformações
mágicas do rosto querido...
A. A. Fet

Não tem o direito de julgar um poeta quem não leu cada um de seus versos. A criação é sequência gradual e sucessão. Eu, em 1915, explico a mim mesma em 1925. A cronologia é a chave para a compreensão.

«Por que seus poemas são tão diferentes?» Porque os anos são diferentes.

O leitor ignorante toma por estilo algo incomparavelmente mais simples e ao mesmo tempo mais complicado: o tempo. Esperar de um poeta textos iguais em 1915 e em 1925 é a mesma coisa que esperar que tenha o mesmo rosto em ambas as ocasiões.

---

1   «Malignamente», por exemplo, já não serve, pois contém uma intenção. [N. A.]

«Por que você mudou tanto em dez anos?» Isso, pela evidência da resposta, ninguém me pergunta, mas compreende e acrescenta: «Passou o tempo!». O mesmo ocorre com os versos. Vou continuar com o paralelismo. O tempo, conforme é sabido, nunca embeleza, a não ser na infância. E ninguém que me tenha conhecido aos vinte anos me diz agora que estou nos trinta: «Como você ficou bonita!». Com trinta anos posso ter os traços do rosto mais marcados, mais expressivos, mais particulares. Posso ser magnífica, talvez. Mas não mais bonita. O que se passa com os traços se passa com os versos. Eles não se tornam mais bonitos com o tempo. O frescor, o caráter imediato, a acessibilidade, a *beauté du diable*[2] do rosto poético ocupam o lugar dos traços. «Você escrevia melhor antes.» Vivo ouvindo me dizerem isso! Apenas significa que o leitor prefere a *beauté du diable* à essência. A beleza à magnificência.

A beleza é uma medida exterior; a magnificência, interior. Mulher bonita, mulher magnífica, paisagem bonita, música magnífica. Com a diferença de que a paisagem pode ser, além de bonita, magnífica (reforço, do exterior para o interior) e a música só pode ser magnífica, bonita não (enfraquecimento, o interior reduzido ao exterior). Mas não é só isso: tão logo um fenômeno saia do domínio do visível e do material, «bonito»

---

2 «Beleza do diabo». [N. A.]

já não cabe. Uma paisagem de Leonardo, por exemplo, é bonita? Não cabe.

Uma «bela música», «belos versos» são a medida da ignorância musical e poética. Uma bobagem da linguagem vulgar.

Assim, a cronologia é a chave da compreensão. Dois exemplos: o julgamento judiciário e o amor. Cada juiz e cada amante andam para trás; a partir da hora em questão, vão à fonte, ao primeiro dia. Quem faz o interrogatório percorre o caminho ao contrário. Não existe ação separada das outras: sempre estão ligadas, da primeira a todas as seguintes. A hora em questão é o resultado de todas as horas precedentes e fonte das futuras. A pessoa que não tiver lido toda a minha obra, desde o *Álbum da tarde* (infância) até *Ratoeira* (hoje), não tem o direito de julgar.

O crítico: inquisidor e amante.

Do mesmo modo, não acredito nos críticos que não sejam nem completamente críticos nem completamente amantes. Não conseguiram, não se deram bem, não querem sair deste mundo, mas nele permanecem ofendidos, não enriquecidos de sabedoria, mas enganados por sua própria (infeliz) experiência. Uma vez que não consegui, ninguém vai conseguir, uma vez que não há inspiração para mim, não há para ninguém. (Se existisse, eu seria o primeiro...) «Sei como se deve fazer.» Você sabe como se faz, mas não como sai. Consequentemente, você não sabe como se faz. A poesia é um ofício, o segredo está na técnica. O sucesso vem de uma maior ou menor *Fingerfertgkeit*, habilidade manual. Disso, a conclusão é a seguinte: não existe o dom, o talento. (Se existisse, eu seria o primeiro...) É desses fracassados que, habitualmente, saem os críticos — os críticos teóricos da técnica poética, os críticos técnicos, no melhor dos casos, os escrupulosos. Só que a técnica, enquanto fim em si mesma, é o mais pobre dos fins.

Alguém, diante da impossibilidade de se tornar um pianista (um estiramento dos tendões), tornou-se compositor. Devido à impossibilidade do menor, o maior. É uma exceção entusiasmante de uma triste lei: na impossibilidade de ser grande (ser criador), tornar-se menor («companheiro de estrada»).

É como se uma pessoa, digamos, já não acreditando poder encontrar o ouro do Reno, dissesse que no Reno não existe ouro nenhum e se entregasse à alquimia: um pouco disso, um pouco daquilo, e lá está o ouro. Mas onde está seu «o quê», já que conhece o «como»? Alquimista, onde está seu ouro?

Nós procuramos o ouro do Reno, *nós acreditamos nele*. E, no final das contas, diferentemente dos alquimistas, nós o encontraremos.[3]

---

3   Escolhi de propósito o enigmático ouro do Reno no qual só acreditam os poetas (*Rheingold*,

A estupidez é tão heterogênea e multiforme como a inteligência e nas duas os contrários coincidem. Você as reconhece pelo tom. Assim, por exemplo, na afirmação: «Não existe nenhuma inspiração, trata-se apenas do ofício» (cf. «O método formal», uma variante do bazarovismo[4]), eis o reflexo imediato da mesma frente (da estupidez): «não existe ofício nenhum, trata-se da inspiração» (a «poesia pura», a «centelha divina», a «verdadeira música», todos lugares-comuns do pequeno-burguês). E o poeta não preferirá a primeira afirmação à segunda. Nem a segunda à primeira. A mesma mentira visível, em outra língua.

II. Não tem o direito de ser crítico...

...não deve ousar ter um seu parecer.
A. S. Griboiédov

Senhores, justiça, e se não houver ao menos bom senso! Para ter um parecer sobre alguma coisa, para julgá-la, é preciso viver nela e amá-la.

Tomemos o exemplo mais grosseiro, ou seja, o que logo se vê. Você se compra um

---

Dichtergold) [ouro do Reno, ouro do poeta]. Caso tivesse escolhido o ouro do Peru, teria sido mais convincente. Assim, é mais honesto. [N. A.]

4 De Bazarov, herói niilista de *Pais e filhos* (1862), romance de Ivan Turguêniev [1818-83]. [N. T.]

par de botas. O que sabe sobre elas? Que lhe servem ou não, que lhe agradam ou não. E que mais? Que as comprou numa loja — a melhor, suponhamos. Você conhece, portanto, sua atitude em relação a elas e à marca (que, no caso, é o nome do autor). E nada mais. Pode julgar, com isso, sua robustez? Sua resistência? Sua qualidade? Não. E por que não? Porque você não é nem sapateiro nem curtidor de couro.

Julgar a qualidade, a essência de tudo aquilo que não é visível em alguma coisa, só pode fazer quem vive e trabalha no âmbito dessa coisa. A relação com a coisa e sua avaliação não cabem a você.

É o mesmo, senhores, exatamente o mesmo que se passa com a arte. Tomemos um poema meu. Ele pode agradar a vocês ou não, podem compreendê-lo ou não, pode ser «bonito» (para vocês) ou não. Mas se ele é bom enquanto poesia ou não só poderão sabê-lo o conhecedor, o amante e... o mestre. Ao julgar um mundo no qual não vivem, vocês estarão simplesmente cometendo abuso de poder.

Por que eu, ao falar com um banqueiro ou com um político, não lhe dou conselhos, nem *post factum*, nem depois de uma bancarrota ou de uma crise de governo? Pelo simples fato de que não conheço e não amo nem o banco nem os governos. Ao falar com um deles, um banqueiro ou um político, eu — no melhor dos casos — posso perguntar: «Por que, naquela ocasião, agiu daquele jeito?». Pergunto porque desejo ouvir e, possivelmente, apropriar-me do parecer de cada um deles sobre o assunto que não conheço. Não tendo uma opinião nem tendo o direito de tê-la, quero ouvir a dos outros. Aprendo.

Por que, vocês, banqueiros e políticos, ao falar com um sapateiro, não lhe dão conselhos? Porque qualquer sapateiro, na sua cara ou nas suas costas, cairá na gargalhada. «Não são coisas de vocês, senhores.» E estará certo.

Então por que vocês, banqueiros e políticos, ao falar comigo, poeta, me dão conselhos? «Escreva desse jeito» ou «Não escreva assim». E por que, coisa ainda mais incrível, eu, poeta, nunca disse a vocês nem uma vez, rindo de sua cara, como meu hipotético sapateiro: «Não são coisas de vocês, senhores»?

Existe uma nuance nisso tudo. O sapateiro, ao cair na risada, não tem medo de ofender: o «senhor» se ocupa com coisas bem mais importantes. Com sua risada só quer dizer que não concorda. Mas um poeta, com sua risada, ofenderá o outro com certeza: para o pequeno-burguês o «poeta» está bem acima do «banqueiro». Nossa risada, nesse caso, não apenas indica ao outro qual é seu lugar, mas faz com que ele entenda que é mais abaixo. O «céu» que aponta para a «terra». É assim que pensa o pequeno-burguês, é assim que reparte as coisas. Com isso, sem sabê-lo, ele nos tolhe nossa última defesa. Não há nada de ofensivo em não entender de botas, mas é completamente humilhante não entender de poesia. Nossa autodefesa se transforma em ofensa do outro. E muita, muita água deve correr, muitas ofensas deverão passar, até que o poeta, superando um falso constrangimento, se decida a atirar diretamente na cara do advogado (do banqueiro, do político): «Você não é meu juiz».

Não se trata de mais acima ou mais abaixo, trata-se apenas de sua ignorância no meu campo, tanto quanto a minha no dele. Pois essas palavras eu direi — e já as digo — ao pintor, ao escultor, ao musicista. Isso porque os considero inferiores? Não. Tampouco considero você inferior. As palavras que digo a você, banqueiro, são as mesmas que diria ao compositor Igor Stravínski, caso não entendesse de poesia: «Você não é meu juiz».

E isso porque a cada um o seu.

Tudo o que falei acima deixa imediatamente de ter valor quando se supera a soleira da profissão. Com isso, muito mais que aos críticos e aos poetas, dei ouvidos às palavras do finado F. F. Kokóchkin, que amou e entendeu a poesia, com certeza, não menos do que eu (que era político), e mais do que as dos críticos e dos poetas aprecio as palavras de A. A. Podgaétski-Tchabrov [1888-1935] (que era um homem do teatro).

Se vocês respeitarem e amarem minhas coisas como se fossem suas, então poderão ser meus juízes.

Voltemos às botas e aos críticos. Quais botas não prestam? As que vão se abrir (o sapateiro) ou as que já se abriram (o comprador)? Que obra de arte é ruim? Aquela que não sobreviverá (crítico) ou aquela que não sobreviveu (público)? Nem ao sapateiro nem ao crítico — que são mestres em sua profissão — é necessária comprovação. Eles sabem de antemão. Para quem compra um par de botas ou um livrinho de poesia é preciso ter uma longa convivência com a coisa, a comprovação do tempo. Toda a diferença está na duração. Descobre-se que as botas são ruins depois de um mês, mais ou menos. Quanto a uma obra de arte ruim, na maioria das vezes é preciso esperar um século. Ou uma obra «ruim» (não compreendida, que não encontrou seu profeta) acaba sendo redescoberta como magnífica ou uma obra «magnífica» (que não encontrou seu juiz) resultará ruim. Aqui já estamos tratando da qualidade do material — das botas e dos poemas — com todas as suas consequências: com o *que se pode prever* da matéria e com o que *não se pode prever* do espírito. Cada sapateiro mediano saberá dizer, desde a primeira olhada, se as botas são boas ou ruins. Não precisa, para isso, de nenhuma intuição. Já o crítico, para estabelecer de cara se a obra é boa ou não, *de uma vez por todas*, precisa ter — além de todos os conhecimentos devidos — a intuição, o dom da clarividência. O material do sapateiro é o couro, previsível e finito. O material da obra de arte (não o som, não a palavra, não a pedra, não a tela, e sim o espírito) é imprevisível e infinito. Não existem botas que durem eternamente. Mas cada linha de Safo que for perdida o será para sempre. Por isso (pelo caráter previsível do material), as botas, nas mãos do sapateiro, encontram-se melhor do que os poemas nas mãos de um crítico. Não existem botas não compreendidas, mas quantos poemas incompreendidos há!

Mas tanto a bota quanto o verso, antes de serem feitos, já carregam dentro de si um juízo absoluto de si próprios. Ou seja, desde o começo se sabe se serão de boa ou má qualidade. A boa qualidade é a mesma coisa nos dois, não podendo ser confundida.

Coincidir com esse juízo interior da coisa a respeito de si mesma, adiantar-se pelo ouvido aos contemporâneos de cem, trezentos anos — eis o papel da crítica que só pode ser desempenhado por quem tenha o espírito.

Quem, na crítica, não for vidente, não passa de alguém com um ofício. Com direito ao trabalho, mas sem direito ao juízo.

O crítico: pre-ver além dos séculos, além dos confins da terra.

O que disse acima vale também para o leitor. O crítico é um leitor absoluto, com uma caneta na mão.

III. A quem eu escuto...

Eu escuto, entre os não profissionais (isso não significa que escute os profissionais),

todo grande poeta e todo grande homem —
e ainda melhor se todos os dois em um.

A crítica de um grande poeta, em sua maior parte, é apaixonada, seja por empatia ou estranheza. Daí decorre que ela é uma relação pessoal com a obra e não um juízo; daí decorre que é uma não crítica; daí eu a escuto. Talvez. Se das palavras dele não surge você, pelo menos surge ele. Uma espécie de confissão, como quando se sonha com uma pessoa: é ela quem age, mas sou eu quem sugere. O direito de negar, o direito de aprovar, quem os contesta? Sou apenas contra o direito de julgar.

Um exemplo ideal dessa autarquia amorosa é o livro de Balmont *Alturas montanhosas*, que é como um espelho que reúne todos os seus «sim». Por que creio em Balmont? Porque ele é um grande poeta. E porque ele fala daquilo que ama. Mas será que Balmont não pode se enganar? Pode, e há pouco tempo ele se enganou muito a respeito de X. Mas se X corresponde ou não à visão de Balmont em seu próprio juízo sobre X, Balmont corresponde a Balmont, ou seja, o grande poeta é dado ali em toda a sua grandeza. Vendo X ele viu a si próprio. Não vemos X, mas vemos Balmont. E vê-lo, olhar para ele, vale a pena. Consequentemente, mesmo no caso de um engano, o juízo de um poeta sobre outro poeta (no caso dado, um prosador) é um bem.

Mas, isso posto, por acaso não se pode errar no relacionamento? Pois toda a apreciação de X por parte de Balmont é claramente um relacionamento. Sentindo ou vendo no outro esta ou outra coisa, ele sente esta ou outra coisa. Para que discutir? Tudo é de tal maneira pessoal que realmente não é possível levá-lo em consideração.

A apreciação é a determinação [do lugar] da obra no mundo; o relacionamento é a determinação [do lugar] dela no próprio coração. O relacionamento não é apenas um não juízo. Ele próprio não pode ser julgado.

Quem pode contestar um marido que gosta de uma mulher claramente monstruosa? Ao relacionamento tudo é permitido, fora o seguinte: proclamar-se juízo. Se aquele marido daquela mulher monstruosa declarasse que a mulher é a mais bonita do vilarejo ou do mundo, todos teriam o direito de contestá-lo e desmenti-lo. O relacionamento pessoal, o mais extremado em qualquer direção, não é consentido apenas ao grande poeta, mas ao primeiro que passa, com uma condição: que não ultrapasse os limites do subjetivo, do individual. «*Eu* acho assim, agrada-*me* assim» — na presença do «eu» e do «me», até ao sapateiro permito não gostar de meus poemas. Isso porque nem o «eu» nem o «me» carregam responsabilidade. Mas que tente aquele mesmo sapateiro, sem se referir ao «eu» ou ao «me», afirmar que meu trabalho não é bom e o que aconteceria? O de sempre: eu sorriria.

Do exemplo de Balmont e X é possível deduzir que o poeta, de maneira geral, não é juiz. Claro que não é assim. Se o poeta lírico, em função de sua natureza, substitui o peso do juízo pelo prazer do relacionamento subjetivo (pelo peso da falta de prazer que há na imparcialidade e o luxo da preferência), isso ainda não significa 1) que todos os poetas são líricos; 2) que o poeta lírico não pode ser juiz. Ele simplesmente não quer ser juiz, mas quer (ao contrário do pequeno-burguês) amar e não julgar. Há diferença entre não querer e não poder.

Querer e poder: essa é toda a atividade crítica e bibliográfica do poeta lírico Khodassévitch.

Quando ouço falar de certa «estrutura poética da alma» penso que isso não é correto, mas, se for, não se refere apenas aos poetas. O poeta é um indivíduo multiplicado por mil, e as peculiaridades dos poetas diferem entre si como as peculiaridades dos homens em geral. Dizer «o poeta na alma» (um dito popular conhecido) é tão pouco preciso como dizer «o homem na alma». O poeta, antes de mais nada, é alguém que saiu dos limites da alma. Poeta *da* alma, e não *na* alma (a própria alma é «de», lugar de onde). Mais ainda, é alguém que saiu dos limites *da* alma na palavra. E, finalmente, quem seria o «poeta na alma»? Homero ou Ronsard? Derjávin ou Pasternak? E — a diferença não está no tempo, mas na essência — Goethe *ou* Schiller, Púchkin *ou* Lérmontov, Maiakóvski *ou* Pasternak?

Paridade de dom, da alma e da palavra — eis o poeta. Por isso não existem poetas que não escrevem nem poetas que não sentem. Sente, mas não escreve — não é poeta (onde está a palavra?); escreve, mas não sente — não é poeta (onde está a alma?). Onde está a essência, onde está a forma? Identidade. Indivisibilidade da essência e da forma — eis o poeta. Eu prefiro, é claro, aquele que sente e não escreve. O primeiro poderá ser um poeta amanhã. Ou um santo. Ou um herói. O segundo (criador de versos), ninguém. Seu nome é legião.

Assim, após haver estabelecido quem é o poeta em geral e qual é o indício mais essencial de pertencimento à poesia, afirmamos que com «a essência é a forma e a forma é a essência» termina a semelhança entre os poetas. Eles são tão diferentes quanto os planetas.

Uma observação indispensável. No juízo do poeta lírico (relacionamento) ressalta claramente uma supervalorização. (Veja-se o que diziam, uns dos outros, os românticos franceses e alemães.) No juízo do poeta épico (avaliação), há uma subvalorização. Tomemos o exemplo do imparcial Goethe que subvalorizou Hölderlin, Heine, Kleist. (É uma subvalorização que diz muito — são justamente seus contemporâneos! E, entre os contemporâneos, justamente seus conterrâneos! O mesmo Goethe que valorizou plenamente o jovem Byron e supervalorizou Walter Scott.) Um exemplo que parece tirar a validade de minha afirmação do direito do poeta de julgar outro poeta. Mas apenas parece. O direito de julgar ainda não é o direito de condenar à pena capital. Para maior precisão: a condenação à morte ainda não é a morte. A ninguém (nem mesmo a Goethe) e à palavra de ninguém (mesmo à de Goethe octogenário) — é dado matar Heine: ele está vivo! Goethe o subestimou, mas ele sobreviveu. Se (réplica) Heine tivesse sido mais fraco, após o juízo pouco lisonjeiro de Goethe podia ter dado cabo de si, como indivíduo e como poeta. Mas, se tivesse sido mais fraco, não teria sido Heine. Não, Heine é vida, é vida *não matada*... O parecer de Goethe é apenas um estímulo a mais para o trabalho. (Você não reparou, mas agora vai ver!) Para nós, depois de cem anos, é um estímulo para refletir. Goethe e um engano desses! Como é possível? Pois refletamos. Primeiro, sobre Heine e Goethe e sua diversidade original; depois, sobre a idade deles: trinta e oitenta anos; depois ainda, sobre a idade em si, se é que existe e o que é; sobre o demonismo, o caráter olímpico, a atração e a repulsão, e muitas outras coisas...

Consequentemente, mesmo num caso cruel de subvalorização de um poeta por parte de outro poeta, o juízo de um poeta sobre outro é um bem.

É isso sobre os poetas. Quem mais eu escuto?

Escuto qualquer grande voz, de onde quer que ela venha. Se quem estiver falando de meus poemas for um velho rabino, tornado sábio pelo sangue, pela idade, pelos profetas, eu o escuto. Ele ama a poesia? Não sei. Pode ser que nunca a tenha lido. Mas ele ama (conhece) tudo, e *deste tudo* vêm os versos, é a fonte da vida e do ser. Ele é sábio e sua sabedoria me basta, basta para meus versos.

Presto atenção ao rabino, presto atenção a Romain Rolland, presto atenção a uma criança de sete anos, a tudo o que é natureza e sabedoria. A abordagem deles é cósmica, e se houver cosmos em meus versos eles irão ouvi-lo e responderão a ele.

Não sei se Romain Rolland ama a poesia, tomo o caso extremo de que não ame. Mas, na poesia, além dos versos (o elemento versificado), ainda há todos os elementos da natureza. A estes Romain Rolland ama com certeza. Nem a presença em mim do elemento versificado nem a ausência dele em Romain Rolland poderão estorvar. Não mesmo.

«Digo-lhes, em substância...» Isso é tudo de que preciso.

Quando falo da criança de sete anos, estou falando também do povo, do ouvido primevo e não deturpado do selvagem.

Quem ouço, ainda, além da voz da natureza e da sabedoria? A voz de todos os mestres e maestros.

Quando recito versos sobre o mar, e o marinheiro que nada entende de poesia me corrige, sou-lhe reconhecida. O mesmo ocorre com o guarda florestal, com o ferreiro, com o pedreiro. Qualquer dádiva que me venha do mundo de fora me é grata, pois nele sou nula. E preciso dele a cada momento. Não se pode falar imponderavelmente do imponderável. Minha tarefa é confirmar, dar peso às coisas. E para que minha «imponderabilidade» (a alma, por exemplo) tenha um peso, é preciso de um pouco do vocabulário e da vida cotidiana, de alguma medida de peso que seja conhecida no mundo e reconhecida por ele. A alma. O mar. Se minha comparação com o mar for errada, o poema inteiro fica prejudicado. (Apenas alguns detalhes são convincentes: certa hora do mar, certa aparência, sua aparência. Mas com «eu amo» não vences no amor.) Para o poeta, o inimigo mais terrível, mais maligno (e mais honroso) é o visível. Um inimigo a quem ele só pode vencer através do conhecimento. Trabalhar o visível para que sirva ao invisível, eis a vida do poeta. A você, inimigo, com todos os seus tesouros, eu escravizo. E qual tensão da visão exterior é necessária para traduzir o invisível no visível (todo o processo criativo!). E como se deve conhecer bem esse visível! Ainda mais simples: é poeta aquele que deve conhecer qualquer coisa com a maior exatidão. Mas justo ele que já sabe tudo? É outra coisa o que ele sabe. Conhecendo o invisível, ele ignora o visível que lhe é continuamente necessário para os símbolos. «*Alles Vergängliche ist nur ein Gleichniss*» [Tudo o que passa é apenas uma similitude]. Sim, mas é preciso conhecer bem esse *Vergängliche*, caso contrário, minha comparação será falsa. O visível é o cimento, as pernas que sustentam a obra. Em francês: «*Ça ne tient pas debout*».

A fórmula de Théophile Gautier (confrontá-la com a de Goethe!) da qual tanto abusaram e ainda abusam — *Je suis de ceux pour qui le monde visible existe* — se interrompe justamente no momento mais importante: *como meio*, e não como fim! O mundo real como fim a si mesmo, para o poeta, é absurdo. Para o filósofo é motivo de pergunta; para o poeta, de resposta. (Nunca acreditem nas perguntas dos poetas! Todo por quê, para eles é porquê, e por qual motivo é por esse motivo!) Mas em seus argumentos (em suas similitudes) o poeta deve andar cauteloso. Ao comparar, por exemplo, a alma com o mar e a inteligência com o tabuleiro de xadrez, devo conhecer tanto o oceano quanto o xadrez, cada hora do oceano e cada lance do xadrez. Para aprender tudo, uma vida não basta. Eis, então, que para ajudar chegam os conhecedores de seu ofício, os mestres.

Um poema só é convincente quando pode ser verificado com uma fórmula matemática (ou musical, dá na mesma). Mas a comprovação não será minha.

É por isso que para os poemas que falam do mar eu vou até o marinheiro, e não até um amante de poesia. O que me dá o primeiro? Os ossos, para a alma. E o segundo? No melhor dos casos, um eco enfraquecido da alma, de mim mesma. Para tudo aquilo que não é alma, preciso do outro.

Logo, das profissões, dos ofícios, às ciências. Do mundo revelado ao mundo a ser conhecido. Daí, do marujo, do guarda florestal, do ferreiro, do carpinteiro, do padeiro, à história, à geologia, à física, à geometria, alargando cada vez mais o círculo.

Nenhum poeta tem de nascença conhecimento das camadas geológicas e dos dados históricos. O que conheço eu de nascença? A alma dos meus heróis. Os costumes, os ritos, as habitações, os gestos, a fala — isto é, tudo aquilo que é dado pelo saber eu tomo dos especialistas em seu ofício, do historiador, do arqueólogo.

No poema sobre Joana d'Arc,[5] por exemplo:

O protocolo é deles.
A fogueira é minha.

IV. A quem eu ouço

«*J'entends des voix, disait elle,*
qui me commandent…»

Dou ouvidos a algo que soa dentro de mim de maneira constante, mas não regular, dando-me ora indicações, ora ordens. Quando indica, discuto; quando ordena, obedeço.

---

5   Em 1917, a autora escreveu um poema sobre Joana D'Arc chamado «Rouen». [N. T.]

O que manda é o verso primevo, imutável e insubstituível, *a essência que aparece sob a forma de verso*. (Na maioria das vezes, aparece como os dois últimos versos do poema, em volta dos quais, depois, cresce todo o resto.) O que indica é a trilha sonora para o poema: ouço o canto, não ouço as palavras. As palavras eu procuro.

Mais à esquerda, mais à direita, mais para cima, mais para baixo, mais rápido, mais lento, alongar, encurtar, eis as indicações precisas de meu ouvido, ou de algo de meu ouvido. Toda a minha escrita é escuta. E, para continuar a escrever, uma releitura contínua. Caso não releia ao menos vinte linhas, não consigo escrever nem uma nova. Como se, desde o começo, me fosse dada a coisa toda, um quadro melódico ou rítmico, como se o que está sendo escrito (nunca sei se será terminado) já estivesse em algum lugar, plenamente e com precisão. Eu apenas restauro. Daí minha ansiedade contínua. Será assim? Será que não estou me desviando? Será que não estou abusando de minha liberdade?

Ouvir corretamente — eis minha tarefa. Não tenho outra.

V. Para quem eu escrevo

Nem para milhões nem para uma única pessoa nem para mim mesma. Escrevo para a própria obra. Ela escreve a si própria através de mim. Para chegar aos outros ou a mim?

Aqui se deve distinguir dois momentos: o da criação e o posterior. O primeiro sem «para quê?», mas todinho «como». Ao segundo eu chamaria de cotidiano, prático. A coisa está escrita, o que será dela? A quem chegará? A quem vou vendê-la? Não escondo que, uma vez completada a obra, a última questão é importantíssima para mim.

Assim, a obra é *dada* duas vezes: espiritualmente e materialmente. Quem ficará com ela?

Duas palavras sobre o dinheiro e sobre a fama. Escrever pelo dinheiro é uma baixeza, escrever pela fama é um ato de bravura. Aqui também se enganam o linguajar corrente e o pensamento comum. Escrever para qualquer outra coisa que não seja a própria obra é condená-la a durar *um dia e nada mais*. Assim é que se escrevem apenas os artigos de fundo — e talvez eles tenham que ser escritos assim mesmo. Fama, dinheiro, triunfo de uma ou de outra ideia, qualquer finalidade secundária, lateral à obra, é seu fim. O texto, enquanto está sendo escrito, é o fim em si mesmo.

Por que escrevo? Escrevo porque não posso não escrever. A resposta da pergunta sobre a finalidade é a causa, e não pode ser de outra maneira.

Entre 1917 e 1922 escrevi um livro inteiro [O *acampamento dos cisnes*] com o que se costuma chamar de versos civis, versos cidadãos (sobre os voluntários do Exército

Branco). Escrevi eu o livro? Não. O livro foi escrito. Para o triunfo das suas ideias? Não. Mas elas triunfam na obra. Inspirada pela noção de voluntariado, logo a esqueci, desde a primeira linha. Só lembrava um único verso e o reencontrei após ter colocado o ponto-final, quando encontrei o ideal vivo dos voluntários, que se encarnara independente de minha vontade. A garantia da eficácia do momento civil é justamente a ausência do momento civil no processo da escrita; a unicidade do momento puramente poético. O que eu disse sobre a ideologia vale também para o momento prático, da aplicação. Após ter escrito poemas, posso recitá-los em um palco e conseguir a glória ou a morte. Mas, se pensar nisso quando sento para trabalhar, não vou conseguir escrevê-los ou vou escrevê-los de um jeito tal que não conseguirão nem glória nem morte.

Há o momento antes da realização e o momento depois da realização. Disso falava Púchkin em seus versos sobre a inspiração e a escrita, e isso o pensamento simples jamais compreenderá.

Glória e dinheiro. A glória: que extensão, que vastidão, dignamente, harmoniosamente. Que grandeza. Que calma.

O dinheiro: que mesquinhez, que miséria, que infâmia, que vaidade. Que coisa pequena. Que futilidade.

Mas então o que é que eu quero quando, uma vez terminada a obra, entrego-a nas mãos de um ou de outro?

Dinheiro, amigos e quanto mais melhor.

O dinheiro é minha possibilidade de escrever dali em diante. O dinheiro são meus versos de amanhã. O dinheiro é meu resgate de editores, redações, senhorios, donos de loja, mecenas; minha liberdade é minha mesa de trabalho. O dinheiro, além da escrivaninha, ainda é a *paisagem* de meus versos, aquela Grécia que eu tanto queria quando escrevia *Teseu* e aquela Palestina que tanto vou querer quando for escrever *Saulo* [não chegou a ser escrito], barcos e trens que levam a todos os países, a todos, e a todos os mares!

Dinheiro: a possibilidade de eu escrever não apenas daqui para a frente, mas de escrever melhor, de não pegar adiantamentos, não apressar os acontecimentos, não entupir as brechas dos poemas com palavras casuais, não ficar sentada com X ou Y na esperança de que me publiquem ou me «arrumem algum lugar». Dinheiro: minha escolha, minha seleção.

O dinheiro, finalmente — terceiro e importantíssimo ponto —, é minha possibilidade de escrever *menos*. Não três páginas por dia, mas trinta linhas.[6]

---

6   É o ponto que menos me diz respeito: 1) se eu «me apresso a viver e a sentir me atiro», não tenho, de qualquer maneira, nenhuma pressa de publicar. Assim, de 1912 a 1922, não publiquei nenhum livro; 2) a pressa da alma ainda não significa a pressa da pena: *O valente* que disseram ter sido escrito em uma única assentada foi escrito dia após dia, sem parar, durante três meses. *A ratoeira* foi escrito em seis meses; 3) atrás de

A glória? «*Être salué d'un tas de gens que vous ne connaissez pas*» [Ser cumprimentado por uma multidão de gente que não se conhece] (frase do finado Skriábin, não sei se autêntica ou erroneamente atribuída a ele). A vida cotidiana com outro peso acrescido. A glória como uma consequência, não um fim. Todos os grandes sedentos de glória, na verdade, são sedentos de poder. Se Napoleão tivesse amado a glória, não teria sofrido em Santa Helena pelo mais perfeito dos pedestais. Em Santa Helena, não sofria pela falta de glória: sofria pela falta de poder. Daí seus sofrimentos e seu binóculo. A glória é passiva, o amor pelo poder é ativo. A glória jaz, «repousa sobre os louros». O amor pelo poder cavalga e procura alcançar esses louros. «Pela glória da França e pelo meu poder», eis, na pureza do coração, o lema de Napoleão. Para que o mundo ouvisse a França, e a França a ele. A glória (*gloire*) de Napoleão se chamava poder (*pouvoir*). Na glória pessoal (expressão vazia), ele, homem de ação, nem sequer pensava. Queimar-se da ponta dos pés à ponta dos cabelos pelo clamor da multidão e pelo murmúrio dos poetas? Não, para tanto ele desprezava demasiado a multidão e os poetas. O fim de

---

cada linha minha há «tudo o que posso, nos limites de dada hora». Da «leveza» de meus versos que falem meus rascunhos. Meu dinheiro é, antes de tudo, *sua* vitória, leitor! [N. A.]

Napoleão era o poder, e a glória era a consequência do poder obtido.

Eu admito a glória e a fama no poeta como forma de propaganda para fins monetários. Assim eu, que desprezo toda forma de propaganda, aplaudo a dimensão desmedida de Maiakóvski. Quando ele se vê sem dinheiro, organiza a sensação da vez («A lavagem dos poetas», «O matadouro das poetas», «As Américas» etc.). As pessoas vão ver o escândalo e levam dinheiro. Maiakóvski, grande poeta, não liga nem para os louvores nem para as vaias. Ele mesmo sabe quanto vale. Mas liga para o dinheiro, muitíssimo. E sua autopropaganda, justamente por sua vulgaridade, é muito mais limpa que os papagaios, os macacos e o harém de Lord Byron, que, como se sabe, de dinheiro não precisava.

Nota indispensável: nem Byron nem Maiakóvski se valem de sua lira poética para a fama. Ambos usam sua vida privada, a escória. Byron deseja a fama? Compra um serralho, vai morar na casa de Raffaello e, *talvez*, viaje para a Grécia. Maiakóvski deseja a fama? Veste uma blusa amarela e escolhe uma cerca como fundo.

O caráter escandaloso da vida pessoal de uma boa metade dos poetas é tão somente um processo de purificação da *outra* vida, para que *lá* esteja limpo.

Sujo na vida, limpo no caderno.[7] Na vida, alto; no caderno, baixinho. (O oceano, mesmo durante a tempestade, dá a impressão de quietude. Mesmo quando está em paz dá a impressão de trabalho. O primeiro: o observador *em ação*. O segundo: o trabalhador *em repouso*. Em cada força, quietude e trabalho estão juntos. A paz que aquela força nos dá é a paz que sentimos graças a ela. Assim é o oceano. Assim é a floresta. Assim é o poeta. Cada poeta é um oceano *pacífico*.)

Assim é claramente desfeito um lugar--comum: que na poesia tudo é permitido. Justamente nela, nada é permitido. Na vida privada, tudo é.

O parasitismo da glória. No reino vegetal, a glória é a hera, o poder, o carvalho. No reino animal, a glória é uma cortesã que descansa nos louros do guerreiro. Suplemento gratuito, ainda que agradável.

A glória é algo como um ouvido de Dioniso postado no mundo: é, homericamente, *qu'on dira-t-on?* [que dirão disso?]. Um erro de visão, um erro de audição do maníaco. (Mistura de manias: a de grandeza e a de perseguição.) Dois exemplos de amor sem par da glória: Nero e Heróstrato. Ambos *maníacos*.

---

7 Limpo: leia-se preto. A limpeza do caderno é sua negritude. [N. A.]

Comparação com o poeta. Heróstrato, para glorificar seu nome, queima o templo. O poeta, para glorificar o templo, queima a si próprio.

A glória mais alta (épos), ou seja, a mais alta força, é anônima.

Há um dito de Goethe: «Não se deveria escrever nem uma linha que não possa contar com um milhão de leitores».

Sim, mas não é preciso *apressar* esses leitores; não é preciso constrangê-los justamente a essa década ou a esse século.

«Não precisaria», mas evidentemente é (era) preciso. Parece mais um preceito para os outros do que para si mesmo. Brilhante é o exemplo do próprio Fausto, incompreendido pelos contemporâneos e que, há um século, tenta-se decifrar: *«Ich der in Jahrtausenden lebe»* [Eu, que vivi nos milênios]. Goethe. Eckermann.

O que há de magnífico na fama? O som da fala.

VI. Variedades de críticos

Voltemos ao crítico profissional. Aqui podemos distinguir três tipos. O primeiro, muito frequente, é o crítico *constatateur* (atestador), é o crítico contemporizador, que só dá o certificado de autenticidade à obra depois de ela ter sido reconhecida, uns dez anos depois. Se o verdadeiro crítico é um profeta, este é um profeta ao revés, *post factum*, honesto e encontradiço. Ele é a multidão dos leitores *honestos* (há de outro tipo). Américas ele não descobre, não reconhece o mestre na criança, não aposta no cavalo que corre pela primeira vez (principiante), fica distante da literatura de seus dias e não costuma cometer grandes enganos.

É um leitor culto.

Mas há outro tipo de leitor: o leitor inculto. O leitor-massa, o leitor por ter ouvido falar, com um *post factum* tão remoto que, em 1925, considera Nádson [1862-87] um contemporâneo e Balmont, sexagenário, um jovem que promete. O traço distintivo desse leitor é a incapacidade de discernir (*Orientirungssin*).

Assim, ao falar do modernismo, coloca no mesmo feixe Balmont, Vertínski[8] e Pasternak, sem diferençar nem a cronologia nem o valor nem o lugar que cada um deles criou e ocupou, e a tudo isso ele recobre com o termo «decadentismo», que ele mesmo não sabe o que é. (Eu faria derivar «decadente» de década. Cada dez anos tem seus decadentes! Aliás, seriam então os decadistas, ou os decadianos! Esse tipo de leitor considera decadente tudo o que vem depois de Nádson, e a tudo o que vem depois de Nádson contrapõe Púchkin. Por que então não contrapõe Púchkin a Nádson? Porque ama Nádson e o conhece. E por que

---

8 A. Vertínski, cantor famoso antes e depois da Revolução. Aqui está, ironicamente, junto a dois grandes poetas. [N. T.]

Púchkin? Ora, claro, porque na alameda Tvérskoi há o monumento a Púchkin. Pois, tenho certeza, aquele leitor não conhece Púchkin. O leitor que-ouviu-falar-em mesmo aqui é fiel a si próprio.

Mas as antologias, as notas «sofríveis» que ele tirou na escola, os exames, os bustos, as máscaras mortuárias, «o duelo de Púchkin» nas vitrines e «a morte de Púchkin» nos manifestos, o cipreste de Púchkin em Gurzuf e a propriedade de Púchkin em Mikhailóvskoie (onde diabos é isso?), o motivo de Hermann e de Liênski,[9] (o pequeno-burguês conhece realmente Púchkin, mas *de orelhada*!), o Púchkin de Sytin em um volume, com o retrato de Púchkin criança (a maçã do rosto apoiada na mão) e quinhentas vinhetas no texto (o verdadeiro «método direto» da poesia! Versos ilustrados! O pequeno-burguês conhece de fato Púchkin, mas *de olhada*!) e, não esqueçamos, na sala de visita (e quem sabe até na sala de jantar?), o quadro de Riépin, com a aba do casaco arrastando-se na neve — toda esta antiqualha respeitável, exuberante de memórias, a alameda Tvérskói, finalmente [com o monumento a Púchkin], e os falsos versos do dístico original:

E longamente serei amado pelas gentes
Porque despertei o bom sentir co'a lira

---

9   Menção às óperas de Tchaikóvski *A dama de espadas* e *Evguêni Onéguin*, ambas compostas a partir das obras homônimas de Púchkin. [N. T.]

Porque útil foi a beleza de meus versos...[10]

Mas de orelhada (por ter ouvido cantar por tenor ou barítono), ou por ter dado uma olhada (na já citada edição de Sytin), pelo libreto e pelas antologias — mais pelo libreto que pelas antologias —, eis como o filisteu conhece Púchkin. Mas contra tudo e contra todos estão Púchkin e a língua russa.

Do que vocês gostam de Púchkin? De tudo. Mas mais do que tudo? *Evguêni Onéguin.* E de sua poesia? Pausa. Às vezes, uma reminiscência das leituras na antologia: «Inverno». «O camponês exulta». Às vezes, por associação contígua: «A vela».[11]

(O filisteu diante do monumento de Goethe: «*Wer kennt Dich nicht, o grosser Goethe!*» [Quem não te conhece, ó grande Goethe!]; «*Festgemauert in der Erden!*» [Firmemente enclausurado na terra!]. Schiller, «O sino».)

Da prosa de Púchkin, obrigatoriamente, *A filha do capitão.* Jamais leu dele *Pugatchov.*

De maneira geral, para esse tipo de leitor, Púchkin é como o eterno festejado de uma comemoração sem fim, e que só faz

---

10 É uma vergonha que não foi apagada nem nunca o será./ Eis por onde deviam ter começado os bolcheviques! E com que eles deviam ter terminado!/ Mas o verso fajuto está lá, em bela mostra. Mentira tsarista que se tornou hoje mentira do povo. [N. A.]

11 Os filisteus se enganam: na verdade «A vela» (1832) é um famoso poema de Lérmontov (1814-41). [N. T.]

morrer (duelo, a morte, as últimas palavras do tsar, o adeus à mulher etc.).

O nome desse leitor é plebe. Era dele que falava, era ele que odiava Púchkin quando escrevia *O poeta e a plebe*. Plebe, trevas, forças obscuras, roedores de tronos incomparavelmente mais valiosos que os dos tsares. Este leitor é que é o inimigo e o seu pecado é uma blasfema contra o Espírito Santo.

No que consiste seu pecado? O pecado não está na escuridão, mas na recusa da luz; não está na incompreensão, mas na oposição à compreensão, na cegueira intencional e na prevenção feroz. Na má vontade para com o bem. Com «leitor-plebe» eu me dirijo a todos os que ouviram pela primeira vez o nome de Gumilióv no dia em que o fuzilaram [em 1921] e que hoje o proclamam o maior poeta da contemporaneidade. Com leitor-plebe eu me dirijo a todos os que odeiam Maiakóvski por ter pertencido ao Partido Comunista (não sei se ele se inscreveu ao partido, mas sei que é anarquista). A quem, ao ouvir o nome de Pasternak acrescenta: «Quem? O filho do pintor?». A quem, de Balmont, sabe que bebe, e de Blok «que passou para os bolcheviques» (surpreendente é o conhecimento que essa gente tem da vida íntima dos poetas! Balmont é polígamo, bebe e goza. Essiênin[12] bebe também, casa com uma velha, depois

---

12 Alusão ao casamento do poeta S. Essiênin (1895-1925) respectivamente com Isadora

com a neta de um velho, depois se enforca. Biéli separa da mulher[13] e também bebe. Anna Akhmátova se apaixona por Blok, separa-se de Gumilióv e casa com — aqui vem toda uma série de variantes. (Do idílio dela com Blok nada tenho a contestar, o leitor está mais informado! Blok não vive com sua mulher, e Maiakóvski vive com a mulher de outro.[14] Viatcheslávisso e aquilo. Sologub isso e aquilo. E do fulano, vocês ouviram que…?).

Assim, sem sequer haver assimilado os títulos das obras, lá vêm os biógrafos!

Esse tipo de leitor não apenas não respeita, ele não lê. E, por não respeitar, não apenas fala, mas julga. Para ele e somente para ele se dirigem as palavras de *seu* Púchkin:

«E com o tolo, não discuta!».

Nunca discutir com ele, simplesmente colocá-lo à porta ao primeiro juízo [que ele expressa].

Existe também o crítico-plebe. Com uma pequena correção quanto à ignorância, vale ele o mesmo que falei do leitor-plebe.

O crítico-plebe é o mesmo leitor-plebe, só que não apenas não lê: ele escreve!

Duncan e com a neta de Tolstói, Sófia Tolstáia. [N. T.]

13 O poeta simbolista A. Biéli (1880-1934) se separou de Ásia Turguêneva. [N. T.]

14 Lília Brik, mulher do crítico Ossip Brik (1888-1945). [N. T.]

Há dois tipos de críticos de nosso tempo: o primeiro, diletante, na emigração; o segundo, prontuário, na Rússia soviética.

Quem, na emigração, não escreve crítica? «Dê um parecer», «Escreva uma resenha». (Dar um parecer sobre qualquer assunto? Ai de nós! Eles dão um parecer, um farrapo, um absurdo, dão o que não é dado, não dão nada.) Escrevem advogados, jovens sem profissão, menos jovens de várias profissões, escrevem todos, escreve o público. Assim, a resposta para a pergunta «Quem escreve crítica entre os emigrados?» é «Quem *não* escreve?».

Fenecido o artigo, floresce a resenha. Fenecida a citação, floresce a fofoca. Leio, digamos, de um autor novo, que nunca li: «É um palhaço, um bufão». Quem me garante? O nome embaixo da coluna. Mas nunca ouvi falar dele! Ou, se ouvi, foi em outro contexto. E onde está o material que justifica o veredicto de «bufão» ou de «profeta»? Onde está a citação? Não existe. Deve-se acreditar na palavra.

O crítico diletante é a espuma que aparece na superfície de uma panela suspeita (o público). O que ferve nela? Água escura. Como a espuma.

Tudo o que eu disse acima se refere a desconhecidos, entre os quais, até hoje, não sobressaiu um único nome. (Nome não como proteção, mas como dom, talento.) Entretanto não é que a crítica de renome ou mesmo notável tenha provocado maior alegria.

O ofensivo artigo do acadêmico Búnin «A Rússia e inônia», com insultos a Blok e Essiênin, e com citações claramente alteradas (melhor então nada!) que deveriam demonstrar como toda a poesia contemporânea é ateia e vagabunda. (Búnin esqueceu seu *Vilarejo*, livro formidável, mas cheio de porcarias e de blasfêmias.) Já a água de rosas escorre ao longo dos artigos de Aikhenvald. O assombro fabricado de Zinaida Hippius, grande poeta, diante da sintaxe do não menos poeta Boris Pasternak, não é falta de boa vontade, mas presença da má. E agora já considero indecentes os artigos de A. Iablónovski sobre Remizov, de A. Iablónovski sobre o meu *Alemanha* e de A. Tchorni sobre Remizov.[15] Com certeza esqueci alguns outros.

Uma nota da redação do *Leal companheiro*: as opiniões sobre os escritores não são encomendadas. Mas, se formos considerar não excepcionais os artigos de Iablónovski sobre Remizov por seu cinismo, então onde e no que estaria nossa diferença dos condutores da ideologia marxista?

Uma feliz e nítida exceção — o julgamento dos poetas não por suas ideias políticas (é daqui que vêm as trevas!): o príncipe D. Sviatopolk-Mírski. E, entre as revistas,

---

15 «Remizov e a crítica da emigração» é um ensaio que ainda está para ser escrito. Se não por mim, por outrem. Se não agora, daqui a cem anos. [N. A.]

toda a seção bibliográfica de *A liberdade da Rússia* e de *Por nossos caminhos*.[16]

Agora vou falar de uma questão pessoal, para mim, intrigante. Um crítico (o mais lido, o mais amado, o mais reconhecido) fala de uma miscelânea publicada na Tchecoslováquia: *A arca*.

> É melhor que assinalemos as páginas mais interessantes do almanaque. Infelizmente, para tanto, teremos que passar ao lado do «Poema do fim» de Marina Tsvetáeva, texto que, pelo menos quem escreve estas linhas, simplesmente não achou compreensível; acreditamos, porém, que qualquer outro leitor não apenas vai lê-lo, mas decifrá-lo e, mesmo se ele for mais feliz e mais adivinhador do que nós, sua felicidade será comprada ao preço de grandes esforços mentais.

Em primeiro lugar, o que me surpreendeu nessa resenha foi a modéstia. O crítico não julga, só se refere. «Eu não entendo» — o que é isso? Um juízo? Uma confissão. Do quê? Da própria inconsistência. «Incompreensível» é uma coisa. «Não compreendi» é outra. «Li e não concordo» é uma coisa. «Li e não compreendi» é outra. A resposta no primeiro caso é: por quê? No segundo é: será possível? A primeira é a voz do crítico,

---

16 Revistas da emigração russa publicadas em Praga. [N. T.]

a segunda é a do leitor. Alguém leu e não entendeu, mas admite a possibilidade de outro leitor ter mais sorte e perspicácia. Essa sorte será comprada ao preço de «grandes esforços mentais». É uma falha indicativa: dê duro, você chega lá. Mas, para mim, não compensa. Isso já não é modéstia. Se não é má vontade, é clara ausência da boa. Assim pode falar um leitor, não um crítico. «Não compreendo» é recusar seus direitos, enquanto «não me esforço por compreender» é recusar sua obrigação. O primeiro caso é frouxidão; o segundo, estagnação.

Ao encontrar algumas dificuldades, o crítico simplesmente ignora a obra. «Não apenas lê-lo, mas decifrá-lo.» E que outra coisa é a leitura senão o decifrar, interpretar, extrair um segredo que ficou atrás dos versos, além dos limites da palavra (sem falar das «dificuldades» da sintaxe!). Antes de mais nada, a leitura é cocriação. Caso o leitor não tenha imaginação, não há livro que valha. [É preciso que haja] imaginação e boa vontade para com a obra.

Ocorreu-me frequentemente ouvir pareceres semelhantes de trabalhadores de outros campos artísticos. «É difícil, é cansativo, você tem que se esforçar, tem que ficar pensando.» O que cansa? O *esforço* da arte. Isso significa que há trabalho nela. Mas, na minha, você não o aceita. Mas fazer o quê? Talvez, à sua maneira, você tenha razão. Você faz do seu jeito e eu faço do meu. Nesses casos, de qualquer maneira, minha réplica sempre acertou no alvo: «E se, depois de uma sonata — difícil! —, eu pedisse a você, musicista sério, uma valsa. O que diria? Porque eu também me cansei com meu trabalho, também quero descansar». (Pedagogia puríssima!)

O sujeito entendia e, caso não tivesse lido meus poemas, pelo menos *respeitava* meu trabalho e não vinha me pedir «música ligeira».

Mas aquele era um musicista, um sujeito que trabalhava com sons. O que dizer do crítico, que trabalha ele também com as palavras, que não tendo vontade de gastar suas forças mentais propõe *a outrem que o faça*? O que dizer de um homem que lida com as palavras que pede a mim, que lido com palavras, versos leves?

A fórmula existe e é antiga. O [crítico] citado pode subscrevê-la com a consciência tranquila:

A ti a poesia gentil
Doce, agradável, útil,
Qual no verão
O gostoso suco de um limão.

Uma limonada, é justamente uma limonada que quer de mim (e da poesia em geral) o crítico citado. Para confirmar minhas palavras trarei mais uma frase dele, a propósito de outro escritor: «se X escrevesse assim e assado, ele não cansaria a si próprio e não cansaria a seu leitor, mas, ao contrário, *alguns passos de dança com as palavras* alegrariam aqui e acolá» (o grifo é meu).

Alegrar o leitor com farolagem de palavras não é a finalidade da criação. Meu objetivo, quando sento à escrivaninha para trabalhar, não é alegrar a mim mesma ou a quem quer que seja, mas escrever uma obra o mais perfeita possível. A alegria vem depois, quando a obra estiver acabada. O *condottiero*, quando vai ao ataque, não pensa em louros, em rosas ou em multidões, somente na batalha, e menos na vitória do que numa ou noutra posição que é preciso tomar. A alegria vem depois, e é grande. Mas grande também é o cansaço. Respeito o cansaço que sinto após terminar a obra. Isso significa que havia contra quem lutar e que a obra não se entregou sem resistir. Significa que valeu a pena. Respeito esse mesmo cansaço no leitor. Ficar cansado com minha obra significa tê-la lido bem e que aquilo que se leu é bom. O cansaço do leitor não é destrutivo, é construtivo. É uma honra para ele e para mim.

Ao crítico diletante da emigração (amador, mas não amante) voltaremos mais uma vez com um exemplo clamoroso. Mas passemos, agora, ao outro tipo de crítico, que se afirmou na Rússia soviética e que obviamente é o oposto do crítico da emigração: trata-se do crítico prontuário. Eu poderia qualificá-lo como cantor de um mau elitismo.

Quando, em resposta a uma obra minha acabada, em que a forma foi dominada e superada graças a uma série de rascunhos, ouço: «Dez *a*, dezoito *o*, assonâncias» (não conheço a terminologia profissional), penso que todos os meus rascunhos deram em nada, ou seja, que tudo o que foi criado foi destruído. É como uma autópsia, mas não de um cadáver, e sim de um corpo vivo. Assassinato.

«A sra. Tsvetáeva, para conseguir esse efeito, teve que fazer...» Em primeiro lugar: quantas vezes eles erram! Em segundo lugar: para quem é esse «teve que» se a coisa *já foi concluída*? Para o leitor? Enquanto leitora atenta e sequiosa do saber respondo: não. Para o escritor? Uma vez que escrevi — e, suponhamos, escrevi bem —, do que me adianta ouvir da boca de outrem aquilo que já sei, por minha própria experiência de trabalho? No melhor dos casos, trata-se de uma repetição, de uma confirmação. Confirmação de uma tarefa que já foi resolvida sem contestação. Ou seja, é uma formalidade. Para os jovens poetas? Uma receita para conseguir determinados efeitos? Pois nomeiem ao menos um grande poeta que tenha escrito por receitas alheias. (Elas são sempre pessoais! Na arte não há receitas que não sejam pessoais.) Além disso, «o que para o russo é saudável, para o alemão é a morte». A teoria, para o poeta, é sempre *post factum*, dedução da experiência pessoal, itinerário ao inverso, seguindo as próprias pegadas. Eu fiz isso. Como é que o fiz? Aqui está, graças a um cuidadoso controle nos rascunhos, o cálculo das vogais e das consoantes, o estudo dos acentos (repito, não sei o nome dessas coisas), o poeta chega a certa conclusão importante que depois elabora e que, finalmente, propõe sob o aspecto de uma ou outra teoria. Mas, repito, a base de cada nova teoria é essencialmente a experiência. A teoria, no melhor dos casos, é a comprovação, *a inteligência do ouvido*, simplesmente, a tomada de consciência do ouvido. A teoria enquanto anexo gratuito da prática. Pode tal teoria servir a outrem? Pode, como comprovação. O caminho do ouvido é a confirmação da conclusão à qual já chegou Biéli. Só falta o trabalho de tomar consciência. Todo o resto é igual. Em breve: escrever belamente, e não como Biéli. Escrever belamente e se necessário (?) confirmar via Biéli. Mas é tudo o que posso dizer de bom sobre as escolas de poesia e sobre o método formal, quando isso é aplicado ao mercado dos jornais. Ou o trabalho ponderado do estudioso para outros estudiosos (teoria do verso) ou a palavra viva sobre o que é vivo para o ser vivente (a crítica).

O crítico prontuário, ao olhar para a obra do ponto de vista da forma, que deixa de lado o quê e só olha para o como, o crítico que num poema não vê nem o protagonista nem o autor (em lugar da *criação*, uma fatura) e que resolve tudo com a *técnica*, é um fenômeno se não nocivo com certeza inútil. Isso porque os grandes poetas não precisam das fórmulas de poética prontas, e dos que não são grandes *nós* é que não precisamos. E digo mais: parir pequenos poetas é um mal e um pecado. Gerar puros praticantes de poesia é como gerar músicos surdos. Proclamando que a poesia é um ofício, vocês enfiam nela círculos de pessoas que não são feitas para a poesia, todas aquelas a quem ela não é dada. «Uma vez que é um ofício, por que não eu?» O leitor se torna escritor, e o verdadeiro leitor, sobrepujado por inúmeros nomes e por inúmeras orientações (quanto mais baixo o valor, mais luminosa é a insígnia), fica desesperado e para de ler de vez.

As escolas poéticas (sinal do século) são uma vulgarização da poesia, e eu compararia a crítica formal aos conselhos às jovens donas de casa. Dá-se conselhos aos jovens poetas como se a arte fosse uma cozinha. É só saber fazer. Mas, para completar a comparação, tanto lá como cá vige a lei feroz da desigualdade. Como uma dona de casa pobre não pode obviamente bater doze dúzias de gemas num balde de creme e verter em tudo um quarto de rum da Jamaica, quem é pobre de poesia não pode arrancar de si, com nenhuma mágica, o material que não possui: o dom. O que fica são gestos vazios sobre panelas vazias.

O único prontuário que há é o ouvido de cada um e, caso seja realmente necessário, a teoria da literatura do Sadóvnik: drama, tragédia, poema, sátira etc.

O único professor é o próprio trabalho.
O único juiz é o futuro.

VII. O autor e a obra

Muitas vezes, ao ler uma resenha a respeito de algo que escrevi e ao ficar sabendo que «o problema formal foi esplendidamente resolvido», fico me perguntando: será que eu tinha mesmo um «problema formal»? «A sra. Tsvetáeva queria nos dar um conto popular, introduzindo nele elementos disso e daquilo», e assim por diante. Eu (ênfase no eu) queria isso mesmo? Não. Não e não. Li em Afanásev a fábula do vampiro e refleti e pensei: por que Marússia, que tem medo do vampiro, nega tão obstinadamente tê-lo visto, mesmo sabendo que dizer seu nome ia salvá-la? Por que o não, no lugar do sim? Por medo? Por medo a gente não apenas se esconde sob os lençóis, mas chega a se atirar pela janela. Mas não. Não é por medo. Ou até pode ser por medo, mas há alguma outra coisa. Medo e o que mais? Quando me dizem «Faça isso e estará livre» e eu não faço, significa que não desejo muito a liberdade, quer dizer que prefiro não ser livre. E o que é a falta de liberdade entre as pessoas? O amor. Marússia se apaixonou pelo vampiro e por isso não pronunciou o nome dele, perdendo, um após o outro, a mãe, o irmão e, por fim, a vida. Paixão e crime, paixão e sacrifício...

Eis qual era *minha* tarefa quando eu me lancei a *O jovem*: descobrir a essência da fábula, que era dada apenas como esqueleto. Tirar o feitiço da obra. Mas não criar uma «nova forma» ou uma «forma popular».

A obra foi se escrevendo e eu trabalhei nela, ouvi cada palavra (não pesei, auscultei!), e que naquela obra exista meu trabalho é testemunhado por: 1) sua (para o leitor) não visibilidade; 2) meus rascunhos. Mas isso já é o processo da obra, seu tornar-se viva, não o projeto.

Como posso eu, poeta, ou seja, pessoa da essência das coisas, ser seduzida pela forma? Deixarei que a essência me seduza, a forma virá por si. E ela vem. Não tenho dúvidas. A forma, exigida por aquela essência e que eu persigo com meu ouvido, sílaba por sílaba. Preparo a forma, depois a preencho… Sim, mas isso não é um decalque de gesso! Não, deixo-me seduzir pela essência e depois a preencho. Eis o poeta. E a preencho (aqui já não se trata de forma) da maneira mais básica possível. A essência é forma: uma criança não pode nascer de outro modo. O paulatino aparecer dos traços, eis o crescer do ser humano e da obra de criação. Por isso, abordá-la «formalmente», ou seja, contar-me (muitas vezes, errando) meus próprios rascunhos é um absurdo. Se você passou a limpo, o rascunho (a forma) já foi superado.

Para que me contar *o que* quis dar naquela dada obra — melhor é me mostrar *o que* você conseguiu tirar dela.

O povo, na fábula, interpretou o sonho do elemento natural; o poeta, no poema, interpretou o sonho do povo; o crítico (no *novo poema*!) interpretou o sonho do poeta.

O crítico: a última instância da interpretação dos sonhos. A penúltima.

VIII. O que deve ser o crítico

Deus dos caminhos e dos cruzamentos, deus bifronte, que olha para trás e para a frente.

O crítico; uma sibila sobre um berço:

O velho Derjávin nos notou
E descendo à cova nos abençoou.[17]
Paris, janeiro de 1926.

---

17 Versos de «Evguêni Onéguin», de Púchkin. [N. T.]

O POETA E O TEMPO

«Amo a arte, muito, só que não a contemporânea» — palavras não apenas de leigo, mas às vezes até de um grande artista, entretanto, sempre a respeito de outros campos da arte. De música ou pintura, por exemplo. Em sua própria arte o grande artista é inevitavelmente contemporâneo — veremos por quê.

Não amar uma obra é, primeiramente e principalmente, não reconhecer nela o já conhecido. O primeiro motivo de não gostar de uma obra é não estar preparado para apreciá-la. As pessoas simples, quando vêm à cidade, custam a comer nossos pratos. Como fazem as crianças com as comidas novas. Viram o rosto, literalmente. Não vejo nada (nesse quadro) e por isso não quero olhar para ele. Só que para ver é necessário, justamente, olhar; para enxergar é necessário ficar observando, fitar. É uma decepção para a expectativa do olho que está acostumado à «primeira vista» — ou seja, à visão anterior, de outrem, às suas pegadas. Não chegar a ver, mas rever. Nos velhos é o cansaço (que nada mais é do que atraso); no leigo, a prevenção; no pintor que não ama a poesia contemporânea, a parada, a fixidez (da cabeça e de todo o ser). Nos três casos trata-se do medo do esforço, coisa por sinal perdoável, conquanto não comecem a julgar.

O único caso digno de respeito, ou seja, a única legítima recusa de uma obra é recusá-la com pleno conhecimento. Sim, eu a conheço, eu a li, eu a reconheço, *mas* prefiro (digamos) Tiútchev a Marina, meu sangue, minha mente, quero o que é mais afim ao que eu sou.

Cada um é livre para escolher seus favoritos, ou melhor, ninguém é livre para escolhê-los: a mim, suponhamos, agradaria poder amar meu século mais do que o anterior, mas não consigo. Não consigo e não sou obrigada a isso. Ninguém é obrigado a amar, mas quem não ama é obrigado a saber, primeiro, do que não gosta; segundo, por que não gosta.

Tomemos o caso mais extremado: o artista que não gosta de sua própria obra. Posso detestar minha época e ter aversão por mim na medida em que eu mesma sou meu tempo. Vou dizer mais (pois isso acontece!): a obra de outra pessoa, de outro século, pode me agradar mais do que a minha própria e não devido à sua força, mas devido à sua afinidade comigo. A uma mãe, o filho de outra mulher pode ser mais querido que o próprio, pode ser parecido com seu pai (ou seja, com seu século), mas eu estou presa, condenada, a meu filho (ao filho de meu século), e não poderia parir outro como gostaria que ele fosse. É o destino. Não posso amar meu século mais que o passado, mas também não posso criar um século diferente do meu: o que foi criado não se pode recriar, só se cria o futuro.

Não nos é dado escolher nossos filhos, nem os que nos são dados nem os que nos são destinados.

«Gosto muito de poesia, mas não da contemporânea» — esta afirmação, como qualquer outra, tem sua contra-afirmação: «Amo muito a poesia, mas apenas a contemporânea». Comecemos pelo caso mais comum — o do leigo — e vejamos depois o mais interessante — o do grande poeta.

«Abaixo Púchkin!» é o grito do filho, em resposta ao grito do pai: «Abaixo Maiakóvski!». O filho grita não tanto contra Púchkin quanto contra o pai. «Abaixo Maiakóvski!» é o primeiro cigarro fumado sob o olhar do pai que já não fuma, e não tanto para satisfação própria quanto para agredir o outro, dentro da ordem das brigas familiares que hão de terminar quando o mundo acabar. (Tanto o pai quanto o filho não ligam o mínimo, na verdade, nem para Púchkin nem para Maiakóvski.) É o grito do conflito de gerações.

O segundo autor do grito dos profanos «Abaixo Púchkin!» é o pior de todos: a moda. Não vamos nos deter sobre ela: o medo de ficar para trás, ou seja, a admissão de sua própria covardia. Mas para que falar dos profanos quando dessa vileza são afeitos os próprios escritores, quando é sua retaguarda? Toda contemporaneidade tem dois rabos: o dos restauradores e o dos inovadores, e um é pior que o outro.

Pois qual era o grito, não do leigo, mas do grande escritor (que na época tinha dezoito anos), Maiakóvski? «Abaixo Shakespeare!»

É a autodefesa da arte. Para não morrer, às vezes é necessário matar (antes de tudo, dentro de si). E aí está Maiakóvski se atirando contra Púchkin, que, por sinal, não é seu inimigo, mas seu aliado, o mais contemporâneo dos poetas de seu tempo, adversário apenas porque o fundiram em ferro e despejaram nas gerações vindouras. (Poetas, poetas, mais do que a glória em vida, tende medo das estátuas e das antologias depois de mortos.) Esse grito, então, não é contra Púchkin, mas contra seu monumento. Autodefesa que termina (e que terminou) tão logo o criador (o lutador) se fortalece. (O maravilhoso do encontro com Lérmontov,[18] por exemplo, é uma obra dos anos maduros.)

Mas, tirando o exemplo excepcional de Maiakóvski, a afirmação «gosto muito de poesia, mas não da contemporânea» e seu contrário, «gosto muito de poesia, mas só da contemporânea», são equivalentes, isto é, valem pouco ou nada.

Ninguém (a não ser a autodefesa ferrenha de Maiakóvski) que ame a poesia dirá

---

18 Trata-se do poema de Maiakóvski «Tamara e o demônio», de 1924. [N. T.]

isso, ninguém que ame a poesia de amor verdadeiro destruirá, em favor do que é de hoje, as obras de ontem — as obras de sempre —, ninguém que ame verdadeiramente a poesia poderá esquecer que o russo «настоящее» significa «presente», além de «autêntico»; na arte ele não tem outro significado a não ser este último. Ninguém cometerá o pecado dos políticos para com a arte e a natureza: plantar num terreno único a semente da discórdia.

Não ama nada quem ama *apenas* uma coisa. Púchkin e Maiakóvski teriam se unido, já se uniram e nunca, na verdade, se separaram. Quem briga entre si são os morros baixinhos — as montanhas estão sempre de acordo. «Há lugar para todos sob o céu» — isso, mais do que todos, sabem as montanhas. E os viandantes solitários. Mas, quanto aos juízos dos outros, dos cansados, dos que ficaram para trás, temerosos ou que perderam o passo, dos juízos e das preferências *dos que não nos conhecem*, a nós (mesmo depois que nos explicamos) e à própria arte (antes das explicações) não interessa nada.

A frase «no futuro não haverá fronteiras», [gravada] num dos postes que marcam os limites da contemporaneidade, concretizou-se na arte desde sempre. Uma obra é universal quando em sua tradução para outra língua e para outro século — em sua tradução na língua de outro século — perde menos ou não perde nada. Após ter dado tudo ao seu século e ao seu país, dá tudo de novo a todos os países e a todos os séculos.

Após haver revelado o limite de seu país e de seu século, mostra, sem limites, tudo o que é não país e não século: para sempre.

Não existe arte não contemporânea (que não revele seu tempo). Existe a restauração, ou seja, a não arte, e existem indivíduos solitários que de seu próprio tempo deram um salto à frente de, digamos, cem anos (NB: nunca para trás), isto é, de novo contemporâneos, embora não de seu tempo; eles não estão fora do tempo.

Gênio? O nome de quem pronunciamos, quando pensamos na Renascença? De Leonardo da Vinci. O gênio dá seu próprio nome à época, a tal ponto que ele é a época, mesmo que ela não tenha consciência disso. A época de Goethe, definição esta que dá todo o mapa histórico, geográfico e até mesmo astronômico daquele dado momento. («Nos dias de Goethe», ou seja, quando as estrelas estavam no céu em certa disposição, ou então «No terremoto de Lisboa», ou seja, quando Goethe duvidou pela primeira vez da onipotência divina — a dúvida de uma criança de sete anos foi imortalizada e repesada pelo fenômeno.)

O gênio dá seu nome à época na medida em que *ele* é a época, mesmo que não tenha plena consciência disso (mesmo que não a tenha *sempre*, acrescentamos, pois Da Vinci, Goethe e Púchkin tinham um pouco). Até mesmo nos compêndios encontramos «Goethe e seu tempo» (tempo como coletivo, como juntado por ele). O gênio tem pleno direito de dizer do tempo aquilo que Luís [XIV] disse do Estado sem ter esse direito: *le temps c'est moi* [o tempo sou eu] (qualquer plêiade: *mon temps, c'est nous*) [meu tempo, somos nós]. Isso diz respeito ao gênio, sempre adiantado. Quanto a quem estaria atrasado um ou três séculos, darei apenas um exemplo: Hölderlin, que por seus temas, por suas fontes e mesmo por seu léxico, é antigo, ou seja, se atrasou, em seu século XVIII, dos dezoito séculos que o precederam. Aquele mesmo Hölderlin que começa a ser lido apenas agora na Alemanha, mais de um século depois, ou seja, só agora foi adotado por nosso século, que nada tem de antigo. Atrasado em seu próprio século, revelou-se contemporâneo do nosso século XX. Qual é o significado deste milagre? Que não existe atraso na arte, que a própria arte é em si adiantamento, independente do que alimenta ou do que ressuscita. Que na arte não existe retorno: ela é um movimento incessante, irreversível, mesmo se desconfiado. Não se olha para quem vira a cabeça ao andar, mas se repara na distância percorrida. Pode-se andar de olhos fechados, com uma bengala, ou mesmo sem ela. As próprias pernas vão conduzi-lo, mesmo que, com o pensamento, você esteja infinitamente longe. Olhar para trás, mas ir adiante.

E Tiútchev [1803-73], o solitário? E Leskov [1831-95], caído em nossa geração, e não na dele? Desse jeito, podemos chegar até Essiênin, que chegou em seu país com um atraso de dez anos. Se tivesse nascido dez anos antes, teriam cantado — teriam tido o tempo de cantar — não a Demian,[19] mas a *ele*. Para a literatura da época, representativo é ele, e não Demian. Para a literatura da época, Demian pode até ser representativo, mas jamais para a poesia. Essiênin, que se perdeu pelo simples fato de que não conseguiu realizar a tarefa de nosso tempo, por um sentimento muito próximo da consciência, entre a inveja e a consciência, morreu em vão,[20] pois havia conseguido preencher o mandado social (das multidões, do indivíduo) de nosso tempo: «Eu sou o último poeta do campo».

Cada contemporaneidade verdadeira é coexistência de tempos, início e fim, um nó vivo que só se pode cortar com o machado. Cada contemporaneidade é o conjunto dos arredores. Toda a contemporaneidade russa de hoje é uma enorme periferia espiritual com vilarejos que não são vilarejos e cidades que não são cidades — aquele *lugar no tempo* em que Essiênin sempre ficou, entre o campo e a cidade, e no qual, mesmo biograficamente, sempre se sentiu à vontade.

Entre os não contemporâneos, ainda hoje vivos e saudáveis, poderia nomear

---

19 Demian Biédni [1883-1945], poeta e agitador pós-revolucionário, é contraposto aqui ao poeta bucólico Serguéi Essiênin. [N. T.]

20 Essiênin se enforcou aos trinta anos, em um hotel em Leningrado, em 28 de dezembro de 1925. [N. T.]

dezenas, mas ou eles já não são poetas ou nunca foram. Eles foram abandonados não pelo sentido de seu tempo, mas foram abandonados pelo dom, pelo talento que lhes permitia sentir, revelar, criar o próprio tempo. Não ir além na poesia, como em qualquer coisa, é *ir para trás*, ou seja, sair do jogo. Ao grande trunfo[21] da literatura da emigração aconteceu a mesma coisa que, a partir dos trinta anos, acontece com o pequeno-burguês: torna-se contemporâneo da geração que antecedeu a sua, no caso em questão, dos autores de trinta anos antes. Ele não se atrasou em relação aos outros que estavam caminhando, mas em relação a si mesmo, que devia ir adiante. A razão de X não aceitar a arte contemporânea é ele mesmo não criar mais. X não é contemporâneo não pelo fato de não aceitar a arte contemporânea, mas porque parou em seu caminho criativo, a única coisa que um criador não tem o direito de fazer. A arte vai, os artistas ficam.

Não contemporâneos — à parte os medíocres que não são contemporâneos de nenhum tempo — são apenas os que abandonaram a poesia, os inválidos — título esse enaltecedor, pois pressupõe que no passado valeram alguma coisa (prestaram para algo).

....

21 Alusão ao poeta emigrado e prêmio Nobel Búnin [1870-1953]. [N. T.]

Mesmo meu desafio pessoal ao tempo:[22]

Já que fora nasci eu,
Do tempo. Reverência vã
Exiges! Califa por um momento!
Tempo! Não te cumpro!

é o grito de meu tempo, que vem de meus lábios, contragrito dele a si próprio. Se eu tivesse vivido cem anos atrás, quando os rios corriam calmos... A contemporaneidade do poeta é sua condenação ao tempo, a limitação que o faz ser conduzido por ele.

Da história não se pode pular fora. Se Essiênin tivesse compreendido isso, teria cantado tranquilamente não apenas seu campo, mas a árvore diante de sua cabana, e essa árvore nenhum machado do século XX teria derrubado.

A contemporaneidade do poeta não existe porque ele proclama seu tempo como sendo o melhor de todos, nem porque simplesmente lhe agrada: o *não* também é uma resposta! Não porque ele responde de um jeito ou de outro aos acontecimentos (o próprio poeta já é um acontecimento de seu século, e cada resposta que ele dá a esse mero acontecimento será uma resposta a todos os acontecimentos); a contemporaneidade de um poeta não está no conteúdo («O que você quis dizer com isso?» Exatamente o

....

22 Trecho do poema «Elogio ao tempo» (1928). [N. T.]

que fiz nisso). Quem escreve estas linhas (eu) ouviu com seus ouvidos, depois da leitura do meu *O jovem*: «É sobre a Revolução?». Dizer simplesmente que o ouvinte não entendeu seria não entender a nós mesmos, uma vez que não é *sobre* a revolução, mas é *a* revolução, é seu passo.

Vou dizer mais: a contemporaneidade (no caso russo, o caráter revolucionário) de uma obra não apenas não está no conteúdo, mas às vezes existe apesar do conteúdo, quase zombando dele. Assim, na Moscou dos anos 1920, ficavam me pedindo, do auditório, o poema sobre o oficial vermelho,[23] ou seja:

> *E assim rangerá meu coração*
> *Ao som da Rússia na federação*
> *Como se fosse eu um oficial rubro*
> *Nos dias de morte de outubro.*

Há, na poesia, alguma coisa que é mais importante que o significado: seu som. E os soldados da Moscou dos anos 1920 não estavam errados: esses versos, em sua essência, falam muito mais dos oficiais (e mesmo dos soldados) vermelhos do que dos brancos, que não os teriam aceitado e que, entre 1922 e 1932, *não os aceitaram*.

Tudo isso eu sei pela sensação de alegria e de confiança que eu mesma sentia ao

---

23 · Trata-se de um poema de *O acampamento dos cisnes*. [N. T.]

lê-los. Eu os atirava lá, no meio dos inimigos, como se fossem próximos, familiares, pela sensação (de estar deslocada, de não me sentir à vontade) que sinto ao recitá-los aqui, algo como: «Perdoem-me, pelo amor de Deus!». Perdoar o quê? Por escrever sobre vocês assim, não como querem, mas com a voz de lá, deles, por saudá-los na língua do inimigo, na minha língua! Enfim, perdoem-me, pelo amor de Deus, por eu ser poeta, pois se eu escrevesse de um jeito em que vocês pudessem se reconhecer eu não seria o que sou: poeta.

Uma vez, quando li meu *O acampamento dos cisnes* num círculo completamente inconveniente, um dos presentes disse: «Tudo isso não quer dizer nada. De todo modo você é uma poeta revolucionária. Você tem nosso ritmo».

Na Rússia, perdoavam-me tudo por eu ser poeta, aqui devo pedir perdão por ser poeta.

Sei, ainda, que os verdadeiros ouvintes de meu *Perekop*[24] escrito para os brancos não são os oficiais do Exército Branco, aos quais, toda vez que o recito, com toda a pureza de meu coração, gostaria de ler algo em prosa, enquanto é aos cadetes vermelhos que o

---

24 Nome de um ciclo de poemas de Tsvetáeva, continuação de O *acampamento dos cisnes*. É também a denominação da estreita faixa de terra que liga a Rússia com a Crimeia. [N. T.]

poema (tudo — inclusive a reza do padre antes do ataque) chegaria — e chegará.

Se não houvesse os políticos entre o poeta e o povo.

E ainda: os meus poemas russos,[25] apesar de meu isolamento e por vontade deles, e não minha, eram dirigidos às multidões. Aqui as multidões não existem fisicamente. Há grupos. Em lugar das arenas e das tribunas da Rússia, há salas; em lugar do evento épico da leitura ao público (tudo bem, da apresentação), há serões literários; em lugar do anônimo ouvinte insubstituível da Rússia, aqui há o ouvinte com nome e tudo, até a insígnia. Na ordem da literatura, não da vida. A escala é outra, é outra a resposta. Na Rússia, como na estepe, como no mar, tem de onde e aonde falar. Se deixassem falar.

De maneira geral, simplesmente: aqui, aquela Rússia. Lá, toda a Rússia. Para quem vive aqui, na arte, o contemporâneo é o passado. A Rússia (falo da Rússia, não dos que detêm o poder), a terra dos que conduzem, exige da arte que ela conduza; a emigração é a terra dos que ficaram para trás e a arte exige que fique para trás, com ela, ou seja, que retroceda irresistivelmente. Na ordem das coisas que vige aqui, eu sou a desordem. Lá não me publicariam, mas me leriam; aqui me publicam, mas não me leem. (Por sinal, já pararam de me publicar.) O que é

---

25 Além de *O jovem*, *O tsar-donzela* (1922), *No cavalo vermelho* (1923) *e Os becos* (1923). [N. T.]

importante na vida de um escritor (em sua segunda metade) é que o publiquem. Não o sucesso, mas que dê tempo. Aqui não me impedem de escrever e não me impedem duas vezes, pois o que impede de escrever não é apenas a perseguição, mas também a fama (o amor).

Tudo depende do ponto de vista. Na Rússia me entendem melhor. Mas no outro mundo vão me entender ainda melhor. Até o fundo. Hão de ensinar a mim mesma a me entender melhor. A Rússia é apenas o limite da compreensão terrestre, além do limite da compreensão da Rússia, na ilimitada compreensão da não terra. «Há um país divino, e a Rússia faz fronteira *com ele*», escreveu Rilke, que sentiu saudades da Rússia a vida inteira, fora da Rússia. A Rússia ainda faz fronteira com esse país. *Uma fronteira natural* que os políticos não poderão mudar, pois não é marcada por igrejas. Não apenas agora, depois de tudo o que aconteceu, por tudo aquilo que é não Rússia. O país sempre foi aquele mundo, com ursos brancos ou bolcheviques, tanto faz, *aquele outro mundo*. Como uma ameaça de salvação das almas através da destruição dos corpos.

Decidir ir *para lá*,[26] então, com todos os atrativos de antes da guerra não era muito mais fácil do que agora, com todas as

---

26 Referências às viagens de Rilke e Lou Andreas-Salomé para a Rússia, respectivamente em 1899 e 1900. [N. T.]

proibições. A Rússia nunca foi um país que constasse em mapas. E os que iam para lá, partindo daqui, iam justamente fora dos limites, fora do visível.

Nessa Rússia apostam os poetas. Na Rússia — toda — sempre.

Mas a Rússia também é pouco. Cada poeta, por sua essência, é um emigrante, mesmo o que vive nela. Emigrante do Reino dos Céus e do paraíso terrestre. No poeta — em todos os artistas, mas no poeta mais — há uma marca especial que fará com que seja reconhecido mesmo em sua própria casa: a marca de se sentir inóspito. Emigrante da imortalidade no tempo, que não voltará a seu céu. Peguem os poetas mais diversos e coloquem-nos, mentalmente, em fila: no rosto de quem verão a presença? Todos estão *lá*. A terra natal, o pertencer a um povo, o pertencer a uma nação, a uma raça, a uma classe — o próprio tempo que eles criam. Contudo, isso é apenas superfície, a primeira ou a sétima camada da pele, e o poeta não faz outra coisa a não ser sair dela. «Que hora é?», perguntaram aqui a um deles. E aos curiosos ele respondeu: «A eterna». Isso foi Mandelstam a propósito de Bátiuchkov. «Em que milênio estamos, queridos, lá fora?» — Pasternak, a respeito de si próprio. Em substância, todos os poetas de todos os tempos dizem a mesma coisa. E essa mesma coisa fica de tal forma na superfície, na pele do mundo, como o mundo visível fica na superfície da pele do poeta. Diante dessa emigração, o que é a nossa?

E a alma no mundo sofreu sem parar
De desejo divino saudosa
E os cantos dos céus não puderam mudar
Os cantos da terra tediosos![27]

O fato de ser seu não torna nada menos tedioso.

Mas voltemos à terra daqui.

Nas coisas que dizem respeito à arte, o pequeno-burguês, em sua maioria, é contemporâneo da geração que o antecedeu, ou seja, ele é seu próprio pai e, em seguida, seu avô e bisavô. Nas coisas que se referem à arte, o pequeno-burguês se aposenta por volta dos trinta anos e, a partir disso, vai cada vez mais inelutavelmente para trás: através da incompreensão da juventude dos outros até o não entendimento de sua própria e a recusa de qualquer juventude, inclusive a de Púchkin, cujo caráter eterno transforma em velhice eterna, e cuja contemporaneidade transforma em antiguidade inata. E com isso ele morre. O que é significativo é que nenhum desses velhinhos contraponha Pasternak — que eles não conhecem — a Derjávin — que tampouco conhecem. Grande conhecedor da arte sua contemporânea, mas também defensor da autenticidade de «O canto do exército de

---

27 Poema «O anjo», que Lérmontov escreveu quando adolescente (1831). [N. T.]

Igor»,[28] que fora descoberto, na época, Púchkin permanece como o limite extremo da ilustração do pequeno-burguês sobre o que está à volta dele e o que veio antes. Qualquer ignorância, qualquer incapacidade, qualquer lassidão são invariavelmente colocadas sob a tutela de Púchkin que tudo sabia, tudo podia, tudo via.

Dois movimentos que se encontram: a idade que avança e a coerência artística que se atrasa no tempo. A idade que aumenta e a sensibilidade artística que diminui.

É assim, na emigração, até hoje. Os setentões consideram Balmont, seu contemporâneo, um poeta de vinte anos e ainda hoje o hostilizam ou o «perdoam», como a um netinho. Outros, um pouco mais jovens, são já ou ainda são contemporâneos *daquele* Severiánin,[29] ou seja, de sua própria mocidade (num recente sarau de Igor Severiánin a emigração foi ver a si mesma como já fora, antes, ver com seus olhos a própria mocidade, ouvir como ela mesma cantava, enquanto aquele «jovem» — nada tolo! — de jovem já não tinha nada e havia deixado de cantar, para fazê-lo, uma única vez, com um sorriso de zombaria para conosco e para consigo). Outros, finalmente, começam a descobrir Pasternak (e a admitir

....

28 Considerado o primeiro poema épico da Rússia, anônimo e descoberto em 1795. [N. T.]

29 Igor Severiánin (1877-1942), poeta «adocicado» do egofuturismo russo. [N. T.]

a possibilidade de que exista), *aquele* Pasternak que já há quinze anos (em *Minha irmã, a vida*, de 1917) é o melhor poeta da Rússia e vem sendo publicado há mais de vinte anos. Amam e conhecem Pasternak não os que hoje têm quarenta anos e são seus contemporâneos, mas os filhos que — eles também — um dia hão de retroceder, parar, cansar-se, enregelar-se em relação a ele, quando não procurar mais para trás, em algum lugar, atrás de Blok ou de alguém mais, na terra dos pais, esquecendo que — *a seu tempo* — aquele era o terreno dos filhos. E em algum lugar, protegido pela cor do anonimato, vagueia entre nós aquele poeta futuro, aquele já poeta, aquele que seria tão amado por seus contemporâneos de vinte anos caso o conhecessem! Mas eles não o conhecem. Mas ele tampouco se conhece. Para si mesmo, é o último de todos. Só os deuses o conhecem e aquele caderno vazio que ele tem, com a marca dos cotovelos. A ninguém é dado conhecer Pasternak aos vinte anos.

De tudo o que foi dito fica claro que o traço da contemporaneidade do poeta não está absolutamente na prontidão de seu reconhecimento geral e — consequentemente — não está na quantidade, mas na qualidade desse reconhecimento. O reconhecimento universal de um poeta pode ocorrer, inclusive, após sua morte. Mas a contemporaneidade (a capacidade que ele tem de influir na qualidade de seu tempo) acontece sempre quando ele ainda está vivo, pois nas obras de arte apenas a qualidade dá as cartas.

«*On ne perd rien pour attendre*» [Nada se perde por esperar] — Pasternak, com certeza, nada perdeu, mas quem sabe se aquele russo que se suicidou em Paris tivesse sido atingido por um daqueles aguaceiros pasternakianos, se ele o tivesse suportado, compreendido (artisticamente), não teria se atirado do Arco do Triunfo (como resposta a «Meu amor, a morte», *Minha irmã, a vida!*)?

Seria preciso perguntar àqueles que iam para a guerra com Pasternak e Blok em seus bolsos.

A Rússia contemporânea que procura ensinar a nova arte ao pequeno-burguês quase que com violência — de qualquer maneira, porém, constantemente e incansavelmente, oralmente e com imagens — deslocou e revirou isso tudo. Não importa que nem todos entendam, não importa que custem a entender, é suficiente que procurem a causa dessa falta de compreensão em si mesmos, e não nos escritores. «Por que, Vladímir Vladímirovitch, quando você recita nós entendemos tudo», perguntam os operários a Maiakóvski, «e quando a gente lê…» «Aprendam a ler, rapazes, aprendam a ler…» A Rússia é a terra em que, pela primeira vez no mundo, se aprende a ler os poetas, que, embora afirmem o contrário, não são rouxinóis.

A contemporaneidade do poeta está em quantas batidas por segundo dá seu coração, batidas que dão a exata pulsação do século, até em suas doenças (sempre ofegamos nos poemas!), na consonância, quase física, fora do significado, com o coração da época — que também é meu coração, que também no meu, com o meu, bate.

Nas ideias e na vida de todo dia posso parar, sair e ficar além dos confins da terra, mas serão meus versos, sozinhos, sem minha vontade, sem eu sabê-lo, que vão me levar à linha da frente. A Deus não se encomendam nem versos nem crianças — são *eles* que escolhem seus pais!

Assim, na Moscou de 1920, quando ouvi dizer, pela primeira vez, que era uma «inovadora», não apenas não me alegrei com isso, mas me indignei: detestei o som da palavra. E só dez anos depois, depois de dez anos na emigração, após haver visto quem e o que eram meus companheiros do passado, mas principalmente quem eram meus companheiros no novo, foi que decidi finalmente aceitar e adotar essa novidade.

Os versos são nossos filhos. Nossos filhos mais velhos do que nós, porque vivem mais, além de nós. Mais velhos do que nós, pois vêm do futuro. É por isso que às vezes nos parecem alheios.

Voltando ao conteúdo e, em particular, à sua orientação: pelo fato de Lunatchárski ser um revolucionário, ele não se tornou um poeta revolucionário, como eu não me tornei uma poeta conservadora. Poeta da Revolução (*le chantre de La Révolution*) e poeta revolucionário são duas coisas diferentes. Encontraram-se apenas uma vez em Maiakóvski. E se encontraram ao máximo, pois ele é um revolucionário poeta, o milagre de nossos dias, seu máximo harmônico. Mas existem também contramilagres; Chateaubriand, que não era a favor da Revolução, mas contra ela, e assim mesmo preparou uma revolução na literatura, a do Romantismo. O que teria acontecido caso a Revolução o tivesse pegado para escrever panfletos políticos! (NB: Em Maiakóvski eles são geniais, fortes com toda aquela força lírica que ele sufocou dentro de si.) Segunda coisa e a mais importante: quer você aceite a Revolução, quer você a desprezo, evite, recuse, ela já está, de qualquer maneira, dentro de você desde sempre (o elemento natural), e desde o 1918 russo, você gostando ou não, ela aconteceu. A Revolução podia deixar ao poeta tudo o que era velho, menos o ritmo e a medida.

E o velho Sologub, com suas *bergeries* escritas antes de morrer? Comovente como documento humano (de um velho poeta na Revolução), exacerbante como imagem (de um velho que perdeu tudo, e agora…), mas não é isso, não, não são as *bergeries* a arte, não, é Sologub! O Sologub das *bergeries* é absolvido pela torrente sombria de seu talento, e é remetido à pequena margem do arcadismo. O velho Kúzmin também; em seu ciclo bizantino *São Jorge* [1921], há o passo da Revolução. Caso o ouvisse um estrangeiro, ele diria: é de batalha. É desse caráter revolucionário que falo. *Não existe outro*, para o poeta. Ou então (à parte o milagre único de Maiakóvski) *não existe o poeta*. Pasternak não é revolucionário por ter escrito *O ano de 1905*,[30] mas por ter descoberto uma nova consciência poética e sua consequência inevitável: a forma. (É significativo que o ano de 1905 não tenha encontrado seu cantor entre seus grandes contemporâneos e os grandes poetas de então. Só há um 1905, o de Pasternak, mais de vinte anos depois. Disso se deduz que o acontecimento, como o poema, às vezes pode esperar, não apenas sem nenhum prejuízo para si, mas até com ganho. Há acontecimentos e acontecimentos — esta é a grande lição criativa da paciência para os apressados.)

Não existe nenhum grande poeta russo da contemporaneidade que não tenha sentido depois da Revolução sua voz tremer e ficar mais forte. O tema da Revolução é um decreto do tempo. O tema da glorificação da Revolução é um decreto do Partido. Seria possível existir no mundo um único partido político, mesmo o mais poderoso, mesmo o com mais futuro, que possa, o tempo todo, decretar ordens em nome de seu tempo?

....

30 Ano da derrota da Rússia na guerra contra o Japão. [N. T.]

Essiênin fracassou porque tomou como se fosse seu (do tempo para o poeta) o mandado de outrem (do tempo para a sociedade), porque tomou um dos mandados por todos os mandados. Essiênin fracassou porque permitiu que outrem respondesse por si, esqueceu que ele mesmo era um condutor, o fio de transmissão mais direto!

O mandado político (qualquer que fosse!) nunca encontrará o poeta a postos, arrastá-lo por diferentes Turksibs[31] não cabe, os relatórios poéticos não são convincentes, levar o poeta na retaguarda da política é contraproducente.

Portanto, o mandado político para o poeta não é do tempo, que ordena sem intermediários. Não é da contemporaneidade, mas da imprensa marrom de ontem, à qual devemos a morte de Essiênin.

Essiênin perdeu-se por haver esquecido que ele mesmo era intermediário, porta-voz e condutor do tempo, que era ele mesmo seu tempo, pelo menos tanto quanto aqueles por quem, em nome do tempo e pelo nome do tempo, se deixou abater e destruir.

O escritor se apenas é
Onda e a Rússia um oceano
Não pode ser abalado
Quando a natureza o é

---

31 Nome da ferrovia que unia o então Turquestão com a Sibéria e que fora terminada em 1930. [N. T.]

Se os ideólogos da poesia proletária respeitassem mais e quisessem ensinar menos aos poetas, deixariam o elemento natural abalá-los e deixariam que cada um o fizesse à sua maneira.

Se os ideólogos da poesia proletária respeitassem mais e quisessem ensinar menos aos poetas, meditariam também sobre a quadra que segue:

> *O escritor se apenas é*
> *O nervo de um grande povo*
> *Não pode ficar indiferente*
> *Quando a liberdade é derrotada*

A liberdade é o próprio nervo da criação.

Não escrevam contra nós, pois vocês são a força, aqui está o único mandado legal de qualquer governo ao poeta.

Se vocês me disserem: «em nome do futuro», *eu, do futuro, recebo as ordens diretamente.*

Que pressão é essa (da igreja, do governo, da sociedade) diante da outra, a que vem *de dentro*!

Eu também recebo mandados do tempo. Tirando o tempo guerreiro de *O tsar-donzela*, de *O jovem*, de *O cavalo rubro* e de outros — quer dizer, fora a influência direta do tempo —, trata-se de ordens diretas até mesmo quanto aos nomes dos chefes, mas não dadas por eles ou por seus partidos, e sim pelo fenômeno. Dessa forma, *Perekop* foi encomendado pela defesa dessa fortificação. As ordens ou mesmo as propostas que me apresentasse um ou outro ideólogo do movimento dos brancos não dariam em nada, porque numa questão de amor estaria envolvido um terceiro — aquele terceiro que sempre atrapalha, qualquer que seja seu nome —, mas que é mortal quando não tem nome algum, ou seja, quando esse terceiro é um programa político.

Vou dizer mais: se consegui fazer com que *Perekop* saísse bem-feito, é apenas porque o escrevi sem ser perturbada por nenhuma alegria interessada, em uma completa ausência de qualquer tipo de simpatia, aqui na emigração, exatamente como teria escrito na Rússia. Sozinha contra todos, inclusive contra meus próprios heróis, que não se lembram de minha linguagem. Em uma dupla solidão, da *cause perdue* dos voluntários Brancos e da *cause perdue* do poema sobre eles.

Toda simpatia interessada de algum partido é a ruína. Existe uma única simpatia: a do povo. Mas ele vem depois.

A ordem que recebi do tempo é meu dom. Se cada criação, ou seja, cada encarnação, é um tributo à natureza humana, também é enquanto tal um grave pecado perante Deus. A única salvação para mim e para minha obra é que a ordem do tempo se mostrou para mim como sendo a ordem da consciência, que é coisa eterna. Da consciência para todos os de coração puro que foram mortos e que nunca foram cantados, que não deviam ser cantados. E, mais do que tudo, se em minhas obras o mandamento da consciência prevalece sobre o mandamento do tempo, esta soberania garante que nelas o amor ganha do ódio. Eu, ao contrário de toda a Moscou contrarrevolucionária e de toda a emigração, nunca odiei os vermelhos tanto quanto amei os brancos. Trata-se da crueldade dos tempos, creio, que, em parte, foi resgatada por esse amor.

Aqueles que na Rússia soviética chamam-se a si mesmos por modéstia — ou são chamados por outros — de «companheiros de viagem» são os mesmos que abrem caminhos. Criadores não apenas das palavras, mas também das *visões* de seu tempo.

Mesmo na imortal troika da Rússia de Gógol, nunca vejo o poeta como um cavalo de reforço.

Não multidão acompanhando na estrada, mas solidão para cocriar. Melhor que tudo servirá ao seu tempo o poeta quando o fizer falar através de si próprio. Quando se esquecer completamente dele (seus leitores vão esquecê-lo de todo). Contemporâneo não é o que ecoa, mas às vezes o que, intencionalmente, cala.

A contemporaneidade não é todo o meu tempo. O que é contemporâneo é indicativo do tempo, que será julgado por ele; não a ordem, o mandamento do tempo, mas sua demonstração. A contemporaneidade é, por si só, seleção. Verdadeiramente contemporâneo é aquilo que, no tempo, é eterno, pois, além de seu caráter demonstrativo de dado tempo, ele é sempre contemporâneo de tudo. Exemplo disso é o poema de Púchkin «Ao mar», com as sombras de Napoleão e de Byron no fundo eterno do oceano.

A contemporaneidade, na arte, é a influência dos melhores sobre os melhores, ou seja, exatamente o contrário do mal que acontece hoje: a influência dos piores sobre os piores. O jornal de amanhã já está velho. Isso mostra que a maioria dos que são acusados de não ser contemporâneos não merecem a acusação, uma vez que pecam apenas por «temporalidade», noção oposta tanto à contemporaneidade quanto à atemporalidade. A contemporaneidade é onitemporaneidade. Quem de nós resultará nosso contemporâneo? A obra, que só pode ser atestada pelo futuro e avalizada pelo passado. O contemporâneo é sempre uma minoria.

O contemporâneo não é todo o meu tempo, da mesma forma que toda a contemporaneidade não é apenas um dos fenômenos em que se manifesta. A época de Goethe é, ao mesmo tempo, a época de Napoleão e de Beethoven. A contemporaneidade é a copresença do melhor.

Mesmo se admitindo que o comunismo, enquanto tentativa de uma melhor estruturação da vida na terra, seja um bem, é possível perguntar: será ele só o bem ou será ele todo o bem? Abarca-o todo, determina ele só todos os outros bens, todas as outras forças: a arte, a ciência, a religião, o pensamento? Ele os inclui, exclui-os ou convive com eles em igualdade de condições?

Eu, em nome de todos os outros bens, fico com a última alternativa. E digo ao comunismo, como a uma das forças motrizes da contemporaneidade, justamente como o construtor de uma vida terrestre que é cada vez mais desarranjada: honra e lugar, tome assento. Mas, por ser uma construção terrestre, não é mais importante que uma espiritual, tal como a ciência da convivência humana não pode ser mais importante que o feito da solidão, assim também o comunismo, construtor da vida terrestre, não é mais importante que todas as forças motrizes da vida espiritual, que não é uma superestrutura nem uma subestrutura. A terra não é tudo, mas, mesmo que fosse, a construção da convivência humana não é toda a terra. A terra vale mais e merece mais.

Digo ao comunismo: honra e lugar, como a todos os que conhecem a honra e o lugar.

Vou procurar, agora, dar a resposta mais difícil para mim: será indicativo de nosso tempo Rilke, esse remoto entre os remotos, esse alto entre os altos, esse solitário entre os solitários, uma vez que — e disso não há dúvida — indicativo de nosso tempo é Maiakóvski?

Rilke não é nem encomenda nem demonstração de nosso tempo: ele é seu contrapeso.

A guerra, as matanças, a carne lacerada das dissensões e Rilke.

Por Rilke, nosso tempo será perdoado.

Por oposição, ou seja, por necessidade, ou seja, como antídoto de nosso tempo, Rilke poderia nascer apenas nele.

Nisso está sua contemporaneidade,

O tempo não o encomendou, mas o provocou.

A encomenda da multidão a Maiakóvski: conte de nós; a encomenda da multidão a Rilke: conte-nos. Ambos as desempenharam. Ninguém chamará Maiakóvski de mestre de vida; ninguém chamará Rilke de arauto das massas.

Rilke é tão indispensável a nosso tempo quanto um sacerdote no campo de batalha: para rezar para uns e outros, para eles e para nós; para dar uma luz aos que ainda estão vivos e perdoar os caídos.

Ser contemporâneo é criar seu próprio tempo, não o refletir. Ou melhor, refleti-lo, mas não como um espelho: como um escudo. Ser contemporâneo é criar seu tempo, ou seja, lutar contra 99%, como se luta com 99% do primeiro esboço [de uma obra].

Tiramos a fervura do caldo, não? Por que não faríamos o mesmo com o caldeirão fervendo do tempo?

Veja estes versos de Gumiliov:

Sou gentil com a vida de hoje
Mas entre nós há uma barreira

Eles se referem, naturalmente, àqueles que com suas cotoveladas e buzinas o impediam de pensar, referem-se aos *ruídos* do tempo, e não àqueles que — junto com ele — criavam o silêncio de seu tempo, sobre o qual tão milagrosamente escreveu Pasternak:

Silêncio, és melhor
De tudo o que eu ouvi

Ele escreveu aos jornalistas e aos diaristas do tempo, e não aos seus contemporâneos, como Gumiliov.

Agora, após haver limpado minha consciência de todas as reticências e após haver assumido a mais difícil das tarefas, a constatação do fato do tempo, o reconhecimento de minha própria dependência do tempo, de minha ligação com ele, após haver reconhecido que o tempo é meu material de trabalho, meu meio de produção e — em parte, e quão frequentemente em parte! — de trabalho, enfim, pergunto: o que é meu tempo, para que eu o sirva e ainda por cima por vontade própria? O que é meu tempo, enfim, para merecer ser servido e, ainda por cima, por minha própria vontade?

Meu tempo amanhã já terá passado, como ontem já passou o seu e depois de amanhã passará o dele; como sempre passa o tempo, até que ele mesmo acabe.

A servidão do poeta ao tempo *existe*! De modo involuntário, ou seja, fatal; não posso *não* o servir. Que minha culpa perante Deus seja merecimento perante o século!

O laço entre o poeta e o tempo é um matrimônio forçado. Um enlace do qual, como todos os que sofreram alguma violência, o poeta tem vergonha e do qual procura se libertar. Os poetas do passado, fugindo do passado, os do presente, fugindo do futuro — como se o tempo fosse menos tempo por não ser meu! Toda a poesia soviética está orientada para o futuro. Apenas Maiakóvski, este mártir de sua *própria* consciência, este forçador do hoje, amou este dia, isto é, superou o poeta em si mesmo.

O laço do poeta com o tempo é um laço forçado e, por isso mesmo, condenado ao fracasso. No melhor dos casos, *bonne mine à mauvais jeu* [boa cara a mau jogo]; no pior (no mais frequente e no mais real), uma traição após a outra, e sempre com o mesmo amante, aquele único, sob uma multidão de nomes.

Por mais que alimente o lobo, ele sempre olhará para o bosque. Somos todos lobos do bosque impenetrável do eterno.

«Não há enlace.» Não, enlace há, como o do condenado com o cepo. Mas, quando além da união com o tempo, de maneira geral, com o conceito de tempo, obrigam-nos também ao matrimônio com nosso tempo, com este tempo, com um subtempo qualquer, e, principalmente, quando ainda querem nos impor essa violência como amor, quando querem fazer passar a condenação por uma missão, quando nos colocam esse cepo até no espírito…

Uma violência sofrida é uma fraqueza. A legitimação espiritual da violência sofrida é alguma coisa sem nome, à qual não se presta nem um escravo.

Salvaguardar no tempo o que nele é eterno ou tornar eterno o que nele é temporário, de qualquer lado que se olhe, sempre, ao tempo, ao século deste mundo, contrapõe-se *aquele* século.

Servir o tempo enquanto tal é servir a troca, a traição, a morte. Caso não o sirva, ele não o leva para a frente. O presente. Mas isso existe? Serve-se uma fração periódica. Penso estar ainda servindo o presente, mas já estou servindo o passado, ou o futuro. Onde estaria o *presente*, no quê?

Com o tempo que corre se pode correr, mas quando você compreende que ele não corre para lugar nenhum, que só corre porque corre, corre por correr, que seu correr é o fim em si mesmo ou então, o que ainda é pior, é um correr para fora de si mesmo, de si, da ferida, do rasgo para o qual tudo escorre…

«*Diese Strecke laufen wir zusammen*» [Esse trecho, vamos percorrê-lo juntos] — no melhor dos casos, um mau companheiro de estrada, que nos leva para todas as tavernas, que nos arrasta para todas as brigas, que nos tira de nosso objetivo, talvez até o mais humilde, e no final das contas (um final que chega muito, muito depressa!) nos deixa com a cabeça e a carteira vazias. Se é que prevenindo tudo nós mesmos o tenhamos deixado.

Servir seu próprio tempo é executar uma ordem por desespero. E, com efeito, o ateu só tem esse exato minuto do século, essa medida de peso, a outra face familiar do *carpe diem*, pois — caso ele siga mais adiante, mais um pouquinho só, estará morto. O reino da terra para quem desespera do reino do céu.

Ao ateu nada mais resta a não ser a terra e sua organização.

O progresso? Mas até quando? E, se formos progredir até o fim do planeta, ir à frente para onde? Para o buraco?

Movimento para a frente, não até um fim objetivo, mas até um fim destruição. Se conseguirem, de qualquer maneira, ensinar o planeta a não terminar, se conseguirem impedir que ele seja uma geração de deuses terrestres atrás de outra? O fim ou o infindável da vida terrestre: igualmente terríveis, pois igualmente vazios.

O poema de Lérmontov — «por tão pouco tempo não compensa»[32] — não se refere ao amor, mas ao próprio tempo: é o *tempo* que não vale o trabalho.

A morte e o tempo são quem reina na terra
Não os chame, porém, de senhores
Tudo girando some na caligem,
De imóvel há somente o sol do amor.[33]

---

32 Verso de «E tédio, e tristeza» (1840). [N. T.]

33 Versos de um poema de V. S. Solovióv (1853-1900). [N. T.]

Posfácio

Após haver colocado o ponto-final — depois da palavra «amor», na mesma tarde leio no jornal: «Em Moscou termina uma discussão e começa outra. Agora a atenção da comunidade dos escritores passou para o front da poesia». Assiéiev,[34] amigo e seguidor de Maiakóvski, leu um discurso sobre a poesia. Depois começou o debate que durou três dias. A sensação foi a apresentação de Pasternak. Primeiramente, assim falou ele: «Algo não foi aniquilado pela Revolução». Em seguida acrescentou: «O tempo existe para o ser humano, não o ser humano para o tempo».

Boris Pasternak está lá e eu estou aqui, através de todos os espaços e de todas as proibições, externos e internos (Boris Pasternak, com a Revolução; eu, com ninguém). Pasternak e eu, sem combinar nada, pensamos e dizemos a mesma coisa.

É isso ser contemporâneo.

Meudon, janeiro de 1932

---

34 N. N. Assiéiev (1889-1963), poeta de uma das vertentes do cubofuturismo russo. [N. T.]

A ARTE À LUZ DA CONSCIÊNCIA

«A arte é sagrada», «a santa arte» — por mais que sejam lugares-comuns, não deixam de conter alguma verdade. Mas, entre aqueles que os utilizam, apenas um em mil pensa naquilo que está dizendo e diz aquilo que está pensando.

Pois é justamente a este um entre mil que afirma em sã consciência a santidade da arte que eu me dirijo.

O que é a santidade? A condição oposta ao pecado. A contemporaneidade não conhece o conceito de «pecado», substituindo-o pelo de «dano». O ateu, então, não admitirá sequer falar na santidade da arte; falará ou da sua utilidade ou da sua beleza. Por isso, insisto: o que falarei aqui se dirige exclusivamente àqueles para os quais Deus, o pecado e a santidade existem.

Se o ateu falar em sublimidade da arte, meu discurso — em parte — dirá respeito a ele também.

O que é a arte

A arte é como a natureza. Não procurem nela outras leis que não sejam as suas próprias (não a vontade própria, o arbítrio do artista, que não existe, mas justamente suas leis próprias). Pode até ser que a arte seja apenas uma ramificação da natureza (um aspecto de sua criação). Mas uma coisa é certa: uma obra de arte é uma obra da natureza, nascida assim, e não criada. (Mas e todo o trabalho para sua realização? Ora, a terra também trabalha, como dizem os franceses — «*la terre en travail*». Por acaso o próprio nascimento não é um trabalho? A mulher grávida de um filho e o artista grávido de sua obra têm sido tão comparados que não há por que insistir neles aqui: todos sabem disso e corretamente.)

Qual seria, então, a diferença entre uma obra de arte e uma obra da natureza? Entre um poema e uma árvore? Nenhuma. E, no entanto, quem sabe por quais caminhos de trabalho e de milagre ela existe? Sou!

Quer dizer que o artista é a terra que pare, que pare tudo? Para a glória de Deus? E as aranhas? (Elas existem também nas obras de arte.) Não sei para a glória de quem, creio que aqui não se trate de glória, mas de força.

É sagrada a natureza? Não. É pecadora? Não. Mas, se a obra de arte é também obra da natureza, por que pedimos o motivo a um poema quando cresce torto e não a uma árvore, da qual no máximo temos pena?

Porque a terra, ao criar, não é responsável, enquanto o ser humano é. Porque a terra sobre a qual crescem as árvores tem uma única vontade: do crescimento. O homem, ao contrário, deve querer que cresça o bem que ele conhece. (É significativo que de «vicioso» só exista o famigerado «princípio individual»: não existe um épos vicioso [corrompido] como não existe uma natureza viciosa.)

Não foi a terra que, no Paraíso, comeu a maçã; quem a comeu foi Adão. Não comeu, sabe; não sabe; comeu; sabendo, é responsável. E, uma vez que o artista é um ser humano, e não um monstro, um esqueleto animado, e não um coral, ele responde por aquilo que fazem suas mãos.

Desse modo, a arte é obra da mesma e deve ser iluminada pela luz da razão e da consciência. Somente então servirá ao bem tal como o serve a torrente que faz com que gire a roda do moinho. Mas dizer que qualquer obra de arte é um bem equivaleria a dizer que cada torrente é útil. Às vezes também pode ser prejudicial. E quantas!

É um bem quando a (se) controla.

Quer-se introduzir a lei moral na arte. Mas de um soldado mercenário corrompido por tantos patrões, por acaso, alguma vez, poderá surgir um soldado do exército regular?

O poeta e os elementos da natureza

A poesia é Deus nos sonhos sagrados da terra.
E.F.S. Münch-Bellinghausen

Há ebriedade na luta. E na orla tétrica do abismo. A ebriedade, ou seja, a bebedeira é um sentimento que por si só nada tem de nobre — e o que mais?

Tudo, tudo o que ameaça a morte,
Ao mortal coração comporta
Indizíveis prazeres.

Se forem falar da santidade da arte, lembrem-se desta confissão de Púchkin.

Sim, sim, e depois...

Sim, há depois. Paremos, porém, neste único verso que é como um trunfo para o bem: «penhor, quem sabe, da imortalidade!».

De que imortalidade? Imortalidade em Deus? Nessa vizinhança, o mero som dessa palavra é acanhado. Penhor de imortalidade na própria natureza, das próprias forças da natureza, e de nós também, na medida em que somos ela, somos elas. Um verso, este, se não blasfemo, claramente pagão.

E mais adiante, preto no branco:

Então saúde
Ó peste! Não tememos o negror do túmulo
Não nos espanta teu chamado!
Cálices enchemos de espuma
E da donzela-rosa bebemos o alento
Quem sabe já pleno de Peste!

Quem fala aqui não é Púchkin: são as forças da natureza! Só que essas forças em nenhum outro lugar haviam conseguido se expressar tão bem. A força da natureza, o elemento natural, pode inspirar qualquer um; hoje, a inspiração tomou conta de Púchkin. Escrita com língua de chamas, com vagas de oceano, com areias do deserto, com qualquer coisa, mas não com palavras.

E esse P maiúsculo da Peste, não mais como cega força primordial, mas como deusa, como nome próprio, como rosto do mal.

O que é mais notável é que cada um de nós ama todos esses versos; ninguém os julga. Mas se alguém entre nós os dissesse, ou melhor, os realizasse na vida real (se ateasse fogo a uma casa, por exemplo, ou derrubasse uma ponte), nós todos, em sã consciência, gritaríamos: é crime! Sim, despertaríamos do encantamento, acordaríamos do sonho, daquele sono morto da consciência em que sempre — porém — estão vigilantes as forças da natureza — as nossas — em que nos haviam abismado aquelas poucas linhas metrificadas.

O gênio

Inspiração do elemento natural não importa em quem — hoje em Púchkin. Na canção da tragédia de Wilson,[35] Púchkin é genial, antes de mais nada, porque ela entrou nele, foi *tomado* pela inspiração.

---

35 John Wilson (1785-1854), escritor escocês. Refere-se à antologia de poemas *The City of the Plague* (1816). [N. T.]

Gênio. Primeiro: o grau mais alto de submissão à inspiração. Segundo: o controle dessa influência. O grau mais alto de dissociação da alma e de concentração. O máximo de passividade e o máximo de atividade.

Permitir ser completamente anulado, até o último átomo, de cuja sobrevivência (resistência) há de crescer um mundo.

Pois nele, nesse átomo de resistência (nessa capacidade de resistir), está toda a chance que a humanidade tem de que surja um gênio. Sem aquele átomo não há gênio nenhum — há apenas um ser humano esmagado (é sempre ele, o de antes!), que despedaça não apenas os muros das Bedlam e Charenton,[36] mas também das casas mais felizes.

Não existe gênio sem vontade, mas menos ainda existe, menos ainda há, sem inspiração. A vontade é uma unidade dos bilhões da inspiração. Unidade graças à qual eles são bilhões (realizam o fato de ser bilhões) e sem a qual seriam zeros (bolhas boiando sobre um corpo à deriva). Mas a vontade sem a inspiração, na obra, é simplesmente um zero. Redondo. Para um poeta assim daria mais certo virar soldado.

---

36 Nome de famosas casas de saúde à época. [N. T.]

Púchkin e Walsingham[37]

Não foi apenas Walsingham que apanhou a peste. Para escrever *Festim no tempo da Peste*, Púchkin teve que ser Walsingham e depois deixar de sê-lo. Porque se arrependeu? Não.

Para escrever a canção de *Festim no tempo da Peste*, Púchkin teve que derrotar em si mesmo Walsingham e o padre, e como que atravessar uma porta para uma terceira coisa. Caso ele tivesse se dissolvido na peste, não teria podido escrever a canção (o laço teria sido rompido).

Púchkin se salvou da peste (do elemento natural) não no festim (de Walsingham) e não na oração (do padre), mas na canção.

Tal como Goethe do amor em *Os sofrimentos do jovem Werther*, Púchkin se salvou matando seu herói com aquela morte como ele mesmo almejava morrer. E pondo nos lábios de Walsingham aquela canção que este não saberia compor.

Caso Walsingham tivesse *podido* fazê-lo, teria sido salvo — se não pela vida eterna, ao menos pela vida. Mas Walsingham, todos sabemos disso, jaz há tempos num carro negro.

Walsingham é Púchkin sem a saída da canção.

---

37 Alter ego de Púchkin em *Festim no tempo da Peste*. [N. T.]

Púchkin é Walsingham com o dom e a vontade da canção.

Por que será que identifico voluntariamente Púchkin com Walsingham e não identifico Púchkin com o padre, que também é uma criatura dele?

Aqui está. O padre não canta. (Ora, os padres nunca cantam. Ou melhor, só cantam as ladainhas.) Se Púchkin tivesse sido tão fortemente sacerdotal como foi Walsingham, ele não teria podido obrigá-lo a cantar; teria colocado em seus lábios um contra-hino, uma oração à Peste, tal como colocou uma linda cançãozinha (de amor) nos lábios de Mary, que é o que Púchkin *ama* em *Festim* (Walsingham é o que Púchkin é.)

Com a canção, o poeta lírico se entrega, sempre, não consegue obrigar seu bem-amado (ou duplo) a falar na sua língua de poeta. A cançãozinha, numa obra dramática, é sempre um *lapsus*, um signo involuntário de favoritismo. O autor, cansado de falar pelos outros, deixa que lhe escape uma canção.

O que fica em nós (nos ouvidos, nas almas) de *Festim*? Duas canções. A de Mary e a de Walsingham. A do amor e a da Peste.

A genialidade de Púchkin foi não haver dado um contrapeso ao hino de Walsingham, um antídoto à oração à Peste. Caso o tivesse feito, estaria em situação de equilíbrio e nós, de satisfação; mas disso não teria resultado nenhum bem, pois, tirando-nos a nostalgia de um contra-hino, Púchkin teria matado a obra de vez. Assim, ao contrário, com apenas o *Hino à Peste*, Deus, o bem, a oração, ficam de fora — lugar não só de nossos anseios, mas de nosso abandono; lugar onde a peste nos rejeita. A oração não dada aqui por Púchkin atua como inelutabilidade. (Em *Festim*, o padre fala porque sua função o exige, e nós não apenas não sentimos nada como nem o escutamos, por saber de antemão o que ele dirá.)

Dificilmente Púchkin terá pensado nisso tudo. As obras só podem ser *pensadas* de trás para a frente, do último passo ao primeiro, percorrendo de olhos abertos aquele caminho pelo qual se andou às cegas. *Percebendo* a obra.

O poeta é o enxadrista ao contrário. Não apenas as peças e o tabuleiro: o poeta nem sequer vê sua mão, que talvez nem exista.

No que consiste o sacrilégio da canção de Walsingham? Não contém blasfêmias contra Deus, apenas louvores à peste. Mas existe sacrilégio mais forte do que essa canção?

O sacrilégio não está no fato de que nós, por medo ou desespero, nos banqueteemos no tempo da peste (da mesma maneira, por medo, riem as crianças), mas no fato de que nós, na canção, no apogeu do banquete, já perdemos o medo, já transformamos o castigo em dom, não nos dissolvemos no temor a Deus, mas na beatitude da aniquilação.

Se (como acreditavam todos, então, e como nós também acreditamos lendo Púchkin) a peste é a vontade de Deus de nos castigar e nos submeter, ou seja, se ela é mesmo o açoite de Deus...

Se for assim, sob aquele açoite nós nos atiramos; como as folhas das árvores sob um raio, como folhas sob um aguaceiro. Não júbilo do castigo, mas júbilo do golpe. Puro júbilo do golpe enquanto tal.

Júbilo? Isso é pouco! Beatitude, tal como não há em toda a poesia do mundo. Gozo da entrega total ao elemento natural: amor, peste, ou qualquer outro nome que ele tenha.

Depois do *Hino à Peste* não há mais Deus algum. E o que mais resta para o padre senão entrando («entra o sacerdote») sair?

O padre sai para orar; Púchkin, para cantar. Púchkin sai depois do padre, por último, arrancando-se com dificuldade (como arrancando pedaços de carne de seu duplo, Walsingham). Ou melhor, naquele instante Púchkin se desdobra: em si mesmo Walsingham e em si mesmo poeta; em si mesmo condenado e em si mesmo salvo.

E Walsingham se senta eternamente à mesa do *Festim*. E Walsingham vai eternamente no carro negro. E Walsingham é eternamente enterrado.

Pela canção que salvou Púchkin.

Walsingham é um nome terrível. Não é por acaso que Púchkin, em toda a obra, só o chama assim três vezes (como se desafia a um duelo). Ele usa a palavra anônima «presidente», graças à qual a obra adquire extraordinária atualidade, ainda mais familiar.

As forças da natureza não precisam de Walsingham. Elas os pegam durante sua própria ação. Vencer Deus em Walsingham, *helás*, é mais fácil do que vencer a canção em Púchkin.

Em *Festim* não era Walsingham que apetecia à peste, mas Púchkin.

E coisas estranhas acontecem! Aquele Walsingham que para a Peste não passa de um pretexto para conseguir Púchkin, aquele Walsingham que para Púchkin não passa de um pretexto para chegar ao si próprio pesteado (tocado pela força da natureza), justamente esse Walsingham é que salva Púchkin da peste. Ele o põe a salvo na canção, sem a qual Púchkin não poderia ser *naturalmente* si próprio. Dá a ele a canção e toma para si o fim, a morte.

O último ato de oposição contra as forças da natureza e a glória delas é a arte. A natureza que derrota a si própria para sua própria glória.

Enquanto poeta, não será vítima do elemento natural, pois tudo transforma você no elemento dos elementos: a palavra.

Enquanto poeta, não será vítima do elemento natural, pois não se trata de uma morte, mas de uma volta ao seio primevo.

A ruína do poeta é a recusa das forças da natureza. Antes cortar logo suas veias.

O inteiro Walsingham é uma exteriorização (desconfinamento) do Púchkin elemento natural. Com Walsingham dentro não é possível viver o crime ou o poema.

Se Walsingham *tivesse existido*, Púchkin *teria criado* igualmente o personagem.

Graças a Deus existe para o poeta a saída do herói, da terceira pessoa, do *ele*. Caso contrário, que confissão vergonhosa (e constante)! Assim, ao menos as aparências estão salvas.

O «princípio apolíneo», a «medida áurea» por acaso não veem que tudo não passa disto: latim do colegial amanhecido nos ouvidos?

Púchkin, que criou Walsingham, Pugatchov, Mazeppa, Pedro, que os criou de dentro — criou não: expeliu...

Púchkin, «força livre» do mar...

Havia também outro Púchkin.

Sim, o Púchkin do caráter pensativo de Walsingham. («O padre sai. O presidente fica imerso em profundos pensamentos.»)

Novembro de 1830. Boldino. Cento e um anos atrás. Cento e um anos depois.

As lições da arte

O que ensina a arte? O bem? Não. O juízo? Não. Nem a si própria ela pode ensinar, pois ela é *dada*.

Nada há que a arte não ensine, assim como nada há, a ela completamente oposta, que ela não ensine, assim como não existe coisa alguma à qual ela limite seu ensinamento.

Todas as lições que retiramos da arte somos nós que nela as colocamos.

Uma fieira de respostas para as quais não há perguntas.

A arte inteirinha é dar respostas.

Assim, em *Festim*, a arte respondeu antes que eu perguntasse, enchendo-me de respostas.

Toda a *nossa* arte consiste em conseguir (ter tempo de) contrapor a cada resposta que ainda não desvaneceu *nossa* pergunta. Justamente esse saltar das respostas por cima de nós é a inspiração. E quantas vezes ela é uma folha em branco!

Alguém lê *Werther* e se dá um tiro. Outro alguém lê e porque Werther se mata com um tiro resolve viver. Um agiu como o personagem, outro como Goethe. Lição de suicídio? Lição de autodefesa? Tanto uma como outra. Devido a certa lei de sua vida, Goethe tinha que atirar em Werther, o *daimon* suicida de uma geração tinha que ser encarnado pela mão do próprio Goethe. Uma necessidade duas vezes fatal. E, como tal, sem responsabilidade. Mas *muitas* consequências.

É culpado Goethe de todas as mortes que se seguiram?

Ele mesmo, nos últimos anos de sua velhice profunda e esplêndida, respondeu: não. De outra forma não ousaríamos dizer uma palavra sequer, pois quem pode saber as consequências de dada palavra? (Tradução minha, pensamento dele.)

E eu, em nome de Goethe, respondo: não.

Ele não tinha nenhuma segunda intenção, nenhuma intenção malvada, a não ser a da criação. Ao escrever seu Werther, não apenas se esqueceu dos outros (o possível mal que estaria fazendo a eles), mas de si mesmo também (o mal que estaria fazendo a ele próprio).

Esse é o omniesquecimento, ou seja, o olvido de tudo o que não seja a obra, ou seja, a própria base da criação. Depois de tudo o que aconteceu, teria Goethe escrito o segundo Werther caso — contra toda a verossimilhança — ainda tivesse sentido uma necessidade igualmente irresistível? E, caso o tivesse feito, poderia ser imputado? Teria Goethe escrito sabendo isso?

Mil vezes o teria escrito, caso sentisse essa necessidade, como não teria escrito a primeira linha do primeiro caso a pressão tivesse sido um pouco menor. (Werther, como Walsingham, pressiona de dentro.)

E, nesse caso, poderia ele ser acusado?

Como homem, sim; como artista, não.

E digo mais: como artista, Goethe teria sido acusado e julgado culpado justamente se tivesse feito morrer Werther dentro de si, com o intuito de salvar vidas humanas (para guardar o mandamento «Não matarás»). Aqui a lei da arte é diretamente oposta à lei moral. O artista é culpado apenas em dois casos: quando, conforme lembrei, recusa a obra (em prol de quem quer que seja) ou quando cria uma obra que não tem arte. Aqui termina sua pequena responsabilidade e começa a grande responsabilidade dos homens.

Em alguns casos a obra de arte é como que uma atrofia da consciência. Digo mais: uma indispensável atrofia da consciência, aquele vício moral sem o qual não haverá arte para ele. Para ser boa (não induzir em tentação os pequenos desse mundo), a arte teve que abrir mão de uma boa metade de seu próprio ser. O único modo de ser boa de antemão para a arte é não existir. Ela terminará quando a vida na terra terminar.

A batalha de Tolstói

«Uma exceção em favor do gênio.» Toda a nossa atitude para com a arte é uma exceção em favor do gênio. A própria arte é aquele gênio em favor do qual excluímos (desligamos) a lei moral.

O que é toda a nossa atitude para com a arte a não ser que os vencedores não devem ser julgados? E o que é ela, a arte, se não o já notório vencedor (sedutor), antes de tudo, de nossa consciência?

Por isso, apesar de todo o nosso amor pela arte, reagimos com tanto calor ao desafio desajeitado e nada artístico de Tolstói à arte (a contrapelo) exatamente porque sai dos lábios sedutores e seduzidos de um artista.

No apelo de Tolstói para suprimir a arte, são importantes os lábios que o pronunciam: se não tivesse vindo de tão estonteante altura artística, se a chamar-nos tivesse sido qualquer um entre nós, nem teríamos voltado a cabeça.

Na luta de Tolstói contra a arte, o que importa é Tolstói, o artista. Ao artista *perdoamos* o sapateiro.[38] *Guerra e paz* não pode ser apagado de nosso comportamento. É indelével. É irremediável.

Com o artista *consagramos* o sapateiro.

O que nos seduz na luta de Tolstói contra a arte é, mais uma vez, a arte.

Tudo isso não é um reproche a Tolstói: a exprobação dirige-se a nós, escravos da arte. Tolstói teria dado a alma para que nós ouvíssemos a ele, não à verdade.

Objeção.

Qual pregação de pobreza é mais convincente, ou seja, mais fatal para a riqueza: a de alguém que sempre foi pobre ou a de um rico que voltou atrás, que abjurou a riqueza? A segunda, claro.

O mesmo exemplo vale para Tolstói. Qual condenação da arte pura é mais convincente (mais mortal para a arte): a de um tolstoiano que não é ninguém para a arte ou aquela do próprio Tolstói, que para a arte é tudo?

Assim, após haver começado com nosso crédito eterno ao artista Tolstói, acabamos por aceitar o descrédito total do Tolstói artista quanto à própria arte.

---

38 Sabe-se que Tolstói fabricava seus próprios sapatos. [N. T.]

Quando penso na essência ética dessa espécie humana, o poeta, lembro-me sempre da definição que Tolstói dá de seu pai em *Infância e juventude*: «Pertencia àquele perigoso tipo de pessoas que podem contar o mesmo fato como a mais terrível das baixezas ou a mais inocente das brincadeiras».

Aquele que dorme

Voltemos a Goethe. Com *Werther*, ele não pode ser culpado do mal (a morte de tantas vidas) tal como do bem (lembre aquele segundo leitor que graças ao livro resolve continuar a viver). Em ambos os casos — seja a morte, seja a vontade de continuar a viver — trata-se de consequência, não de finalidade.

Quando Goethe tinha uma *finalidade*, um objetivo, ele o realizava na vida, ou seja, construía um teatro, propunha a Carlos Augusto uma série de reformas, estudava a vida de cada dia e a alma de um gueto, ocupava-se com mineralogia etc. Se Goethe tinha um ou outro objetivo, ele o realizava diretamente, sem este grande rodeio que é a arte.

A única finalidade que tem a obra de arte ao longo de sua realização é o de vir a ser acabada, e não apenas em sua totalidade, mas em cada partezinha, em cada molécula. Até mesmo a arte como um todo cede espaço à realização dessa molécula e, mais ainda: cada molécula se torna aquele todo e seu objetivo está em todo lugar, presente em todo lado em toda a sua extensão, e a própria arte, como um todo, tem em si mesma seu fim.

Após haver completado a obra, pode-se verificar que o artista realizou mais do que ele mesmo pensava (conseguiu fazer mais do que havia projetado), fez de forma diferente.

Ou então serão os outros que dirão a ele o que fez, tal como ocorreu com Blok. E Blok sempre se admirava, sempre concordava com todos, mesmo com qualquer recém-chegado ao assunto, a tal ponto que aquilo tudo era novo para ele (ou seja, a existência de qualquer projeto em sua obra).

«É o título de um poema. Tirar itálico e colocar entre aspas» nasceu sob o signo de encantamento. O *daimon* de dado momento da revolução entrou em Blok e o obrigou a escrever (é o *daimon* da «música da Revolução»).

E, depois, a ingênua e moralista Z. G.[39] continuou se perguntando por um bom tempo se era o caso de apertar ou não a mão de Blok, enquanto este, pacientemente, aguardava.

Blok escreveu «Tirar itálico e inserir aspas» numa noitada e se levantou num estado de esgotamento total, como se o tivessem atropelado.

---

39 A poeta Zenaida Gippius, que, juntamente com os literatos conservadores da então Petrogrado, considerou o poema de Blok uma adesão ao bolchevismo. [N. T.]

Blok não conhecia os doze do poema, que nunca leu em público. «Não conheço os doze, não me lembro dos doze.» E, de fato, *não os conhecia*.

É compreensível seu susto quando na avenida Vosdvijenka, no ano de 1920, agarrando o braço da mulher que estava com ele, gritou: «Olhe!». E, após dar uns cinco passos: «É Katka!».[40]

Na Idade Média (Deus, quão longe!), vilarejos inteiros tomados pelo demônio começavam de repente a falar em latim.

O poeta? Um adormecido.

A arte à luz da consciência

Alguém acordou. Um fulano de nariz aquilino e de rosto de cera que, na lareira de uma casa de Cheremetev,[41] queimou um manuscrito. A segunda parte de *Almas mortas*.

Não induzir à tentação. É bem mais do que se fazia na Idade Média, entregar uma obra ao fogo *com as próprias mãos*. É aquele autojulgamento do qual eu falo, o único possível.

---

40 Protagonista do poema «Tirar itálico e colocar entre aspas», que é morta por um guarda vermelho. [N. T.]

41 Sabe-se que foi na casa do conde A. P. Tolstói que, em fevereiro de 1852, pouco antes de morrer, Gógol atirou ao fogo a segunda parte de *Almas mortas*. [N. T.]

(A infâmia e a ruína da Inquisição estão no fato de que era ela mesma quem mandava queimar e não induzia a que queimassem: queimar os manuscritos quando teria sido necessário queimar a alma.)

Mas Gógol, naquele tempo, já estava louco.

Louco é quem ateia fogo a um templo (que não construiu) para se vangloriar. Gógol, queimando sua obra com as próprias mãos, queimou também sua glória.

Isso me faz lembrar as palavras de um sapateiro (1920, Moscou), aquela circunstância em que ele está acima do artista: «Nós, Marina Ivánovna, podemos ter perdido a razão, mas eles nem sequer a procuram».

Essa meia hora que Gógol passou junto à lareira fez mais em prol do bem e contra o mal do que os anos de pregação de Tolstói.

Porque aqui o assunto, o assunto visível, tem a ver com as mãos, com aquele movimento das mãos que todos nós almejamos, mas nenhum «movimento da alma» poderá substituir.

Pode ser que não viéssemos a ser seduzidos pela segunda parte de *Almas mortas*. Com certeza, porém, teríamos gostado. Mas o fato de que, eventualmente, teríamos gostado, nada é diante da alegria que nos deu Gógol, que, pelo amor por nossas almas vivas, queimou as suas *Mortas*. No fogo de sua própria consciência.

Aquelas foram escritas com tinta.

Estas — as vivas em nós — com fogo.

A arte sem artifício

Mas, nas mais indevassáveis profundezas da arte e ao mesmo tempo nas suas maiores alturas, existem obras sobre as quais somos levados a dizer: «Isso já não é arte. Isso é mais que arte». Todos conhecemos obras assim.

A marca dessas obras é a sua eficácia, apesar da insuficiência de meios, insuficiência que jamais trocaríamos por nenhuma abundância e excesso, insuficiência de que nos lembramos apenas quando tentamos estabelecer: mas como é feito tudo isso? (O método de se chegar a essas obras é por si só inconsistente, pois em cada obra que nasce os caminhos são imperscrutáveis.)

Ainda não é arte, mas já é mais do que arte.

Essas obras, muitas vezes, provêm da pena de mulheres, crianças, autodidatas — dos pequenos deste mundo. Essas obras, muitas vezes, não saem da pena de ninguém, uma vez que não são escritas, mas se conservam (se perdem) oralmente. Muitas vezes são as primeiras obras. Muitas vezes, as derradeiras.

Arte sem artifício.

Aqui estão os versos de um menino de quatro anos, que há tempos não está mais entre nós:

Lá vive um pássaro branco
Lá vai um menino pálido.

Certoclaro! Certoclaro! Certoclaro!
Existe o que está lá.

(«Certoclaro» — assim falam as crianças quando querem dizer algo certo, algo claro, certo-claro significa tudo o que está longe.)

Eis o último verso de um poema de uma menina de sete anos que não pode andar e reza para se levantar da cama. Ouvi a fala dela uma vez, vinte anos atrás, e só me lembro desta última frase: «Para que eu possa rezar *em pé*!».

E aqui estão os versos de uma freirinha do mosteiro das Novas Virgens. Ela havia escrito muitos, mas antes de morrer queimou todos. Ficou só um poema, que hoje está vivo apenas em minha memória. Comunico-o como uma boa ação.

Qualquer coisa os espere, filhinhos,
Na vida há muito mal e muita dor,
Há as covardes redes do engano,
E pesares, uma névoa queimando,
Há saudade de impossíveis desejos,
E há fadiga sem ganho e sem luz,
E há o preço de anos de dor
Por uns poucos momentos de amor.
Mesmo assim não esmoreçam na alma,
Ao chegar sua vez de sofrer.
A humanidade só é viva porque
Há mãos dadas na roda do bem!
Aonde quer que seu coração os leve
No mundo vão ou no campo tranquilo,
Distribuam sem cálculo ou medo
Os tesouros que há em suas almas!

*Não procurem, não esperem retorno,
Não se alterem com as zombarias,
A humanidade só é rica porque
Há mãos dadas na roda do bem!*

Tomemos as rimas. Quando as há, são as de sempre (dor/amor), pobres com certeza (porque/porque). E quanto à metrificação, nada que impressione o ouvido. Com que meios foi feita esta grande pequena obra?

Nenhum meio. Com a alma nua.

Esta freirinha desconhecida de um mosteiro que nunca mais há de existir deu-nos a mais plena definição do bem que já apareceu: o bem como mãos dadas numa corrente. Quanto ao mal, jogou o mais doce desafio que já se ouviu na terra:

*Aonde quer que seu coração os leve,
No mundo vão ou no campo tranquilo,*
(Quem fala é uma freira de clausura!)
*Distribuam sem cálculo ou medo
Os tesouros que há em suas almas!*

Dizer que esses versos são «geniais» seria um sacrilégio, chamá-los de «obra literária» seria simplesmente reduzi-los; seria pouco, na medida em que tudo isso está na soleira da *sublime* (como o amor terrestre) *pequenez* da arte.

Relatei o que lembrava. Estou convencida de que há muito mais. (Deixo de lado, intencionalmente, os poemas que minha filha escreveu quando tinha seis anos: foram parcialmente publicados no fim de minha obra *Psiquê* e pretendo falar deles separadamente no futuro.) E como poderiam não existir? Pois tão somente em *minha* memória há três poemas, algo mais que simples versos. Ou será que são eles todos os versos?

A marca dessas obras é a descontinuidade. Tomemos os versos da freirinha:

> *Qualquer coisa os espere, filhinhos,*
> *Na vida há muito mal e muita dor,*
> *Há as covardes redes do engano,*
> *E pesares, uma névoa queimando*
> (Até aqui, são lugares-comuns.)
> *Há saudade de impossíveis desejos,*
> *E há fadiga sem ganho e sem luz,*
> (Idem.)
> *E há o preço de anos de dor*
> *Por uns poucos momentos de amor.*
> (Aqui já estamos na romança!)
> *Mesmo assim não esmoreçam na alma,*
> *Ao chegar a sua vez de sofrer.*
> (Mas, aqui está, aqui está!)
> *A humanidade só é viva porque*
> *Há mãos dadas na roda do bem!*

E segue, numa linha de inspiração contínua, sem rebaixamentos, num único e enorme suspiro, até o final. O começo (já falei do «primeiro olhar»), aparentemente banal, que lhe serviu para tomar alento e finalmente chegar àquela corrente do bem.

Falta de experiência, de profissionalismo. Um poeta autêntico, daqueles que pululam nas capitais, se — contra qualquer expectativa — tivesse chegado a escrever sobre a corrente de mãos para o bem (nunca teria chegado!) não teria deixado um começo de poema assim: teria procurado levar tudo a um único nível de elevação.

A freirinha, ao contrário, não percebeu a inconsistência daquele começo, porque tampouco percebeu a corrente das mãos para o bem; talvez tenha se alegrado confusamente, como com algo muito *familiar*, mas só isso. Uma vez que ela não é profissional da poesia, daqueles que venderiam sua alma ao diabo por um achado feliz. Só que o diabo não aceitaria aquela alma porque dentro dela não há nada, sendo um puro recipiente divino, ou seja, como aquele menino de quatro anos com seu «certoclaro»! E eles dizem — a freirinha, a menina que não pode andar e o menino, todas as crianças sem nomes e freiras desta terra — a mesma coisa; ou melhor, é uma única coisa que fala por meio deles.

São os poemas que prefiro — entre todos os que eu li e escrevi. Prefiro-os a todos os outros deste mundo. Quando leio (escrevo) os meus, depois de ler esses, só sinto vergonha.

Nesse tipo de poema se insere também «O pensamento» («Reduziam-no a cinzas, com pedradas»), de um poeta anônimo, que em todas as antologias em que aparece vem assinado simplesmente com um B.[42]

....

42 Em russo é «dobro». [N. T.]

E com esta letra B (de Bem, maiúsculo), vamos adiante.

Tentativa de hierarquia

Grande poeta. Magnífico poeta. Alto poeta. Bom poeta qualquer um pode ser, depende da grandeza de seu dom. Para o poeta magnífico, qualquer dom poético é pouco; é preciso um dom equivalente da personalidade: de inteligência, de alma, de vontade — e, principalmente, a tendência desse todo para uma finalidade determinada, ou seja, para a construção desse todo. Poeta alto pode sê-lo um poeta que não é nem um pouco grande, portador de um dom mais modesto, como Alfred de Vigny, que só com a força de seu valor interior nos leva a reconhecê-lo poeta. No caso dele, o dom foi apenas suficiente. Um pouco menos e teríamos simplesmente um herói (ou seja, infinitamente mais).

O poeta magnífico encerra em si também o alto poeta e o equilibra. Mas o alto poeta não inclui o magnífico, senão diríamos simplesmente magnífico. A altura é o único signo de existência. Assim, não há poetas maiores que Goethe, mas há poetas mais altos — seu contemporâneo mais jovem, Hölderlin, por exemplo, poeta incomparavelmente mais pobre, mas *montanhês naquelas alturas* onde Goethe era apenas um convidado. E, veja-se, magnífico é menos (mais baixo) que alto, mesmo que a estatura seja a mesma.

Assim, o carvalho é magnífico; o cipreste, alto. Demasiado amplo e firme é o fundamento terreno do gênio para lhe permitir crescer em altura. Shakespeare, Goethe, Púchkin. Se tivessem sido mais altos, não teriam ouvido muitas coisas, a muitas não teriam respondido e a muitas outras não teriam simplesmente se abaixado.

O gênio é o resultado de contradições, ou seja, em última análise, equilíbrio, enquanto a girafa é um monstro, um ser de uma única dimensão, seu próprio pescoço — a girafa é pescoço. (Cada monstro é uma parte de si próprio.)

«A cabeça do poeta está nas nuvens» — é verdade, mas é verdade apenas para certo tipo de poeta: os apenas altos e os puramente espirituais. E eles não têm apenas a cabeça nas nuvens, eles moram lá. Um corcunda paga por sua corcunda; na terra, um anjo também paga por suas asas. Uma descorporificação tão próxima da esterilidade, ar rarefeito em lugar da paixão, pensamento em lugar de palavras, sentenças: eis os indícios terrestres dos hóspedes celestes.

Uma única exceção: Rilke, poeta não apenas tão alto quanto magnífico (pode-se dizer o mesmo de Goethe), mas de uma altura exclusiva que aqui não exclui nada. Como se Deus, que aos outros poetas do espírito ao dar-lhes uma coisa lhes tira todo o resto, a este deixou tudo a mais.

A altura como paridade não existe. Apenas como soberania.

Para o poeta apenas grande, a arte é apenas fim de si mesma, ou seja, uma pura função, sem a qual ele não vive e pela qual não responde. Para o poeta alto e o magnífico, ela é sempre um meio. Ele mesmo é um instrumento nas mãos de alguém, como também o é o poeta apenas grande nas mãos de alguém. Toda a diferença, à parte aquela fundamental das mãos, está no diferente grau da consciência de estar nas mãos de outrem. Quanto mais um poeta é grande espiritualmente, ou seja, quanto mais no alto estão as mãos que o seguram, mais forte é a consciência de ser mantido (em servidão). Se Goethe não tivesse sabido que havia alguém mais alto, acima dele e de sua própria obra, jamais teria escrito os últimos versos do segundo volume de *Fausto*. Sabem disso apenas os inocentes — ou os oniscientes.

Essencialmente, todo o trabalho do poeta se reduz à realização física de uma tarefa espiritual (alheia, não própria). Exatamente como toda a vontade do poeta se reduz a uma obreira (operária) vontade de realização. (Não existe vontade criativa individual.)

Encarnação física de algo que espiritualmente já existe (algo de eterno) e encarnação espiritual (espiritualização) de alguma coisa que espiritualmente ainda não existe, mas quer existir, quaisquer sejam as qualidades do que deseja. Encarnação de um espírito (ideias) desejoso de corpo e espiritualização de corpos (as forças da natureza) sequiosos de uma alma. Para as ideias a palavra é o corpo, e para os elementos naturais (as forças da natureza) é a alma.

Cada poeta, de uma maneira ou de outra, está a serviço de ideias ou de forças naturais. Pode estar a serviço (já o disse) apenas das ideias ou apenas dos elementos naturais ou de ambos. No caso de ser servo *apenas* dos elementos, ele é sempre o primeiro céu mais baixo de algo: daqueles mesmos elementos, das paixões. Através do elemento natural da palavra, que — única entre todos os elementos — tem uma consciência inata, ou seja, criada pelo espírito. O céu mais baixo, mais próximo da terra.

Nessa abordagem ética da arte (do artista, do escritor, quer-se o ideal, ou seja, o alto), pode haver toda a explicação de um fenômeno aparentemente inexplicável: a preferência que, na década de 1890, era dada a Nádson, em desfavor de Púchkin, poeta certamente de menos ideias; e ainda a preferência que a geração precedente dera a Nekrássov cidadão sobre Nekrássov poeta. Todo este utilitarismo feroz, todo esse bazarovismo, é apenas uma afirmação e uma exigência de altitude como fundamento da vida — o *rosto russo do alto, do sublime*. Nosso utilitarismo é aquilo que é útil ao espírito. Nossa «utilidade» é apenas consciência. A Rússia, honra lhe seja dada, ou melhor, honra seja dada à sua consciência e desonra à sua arte (duas coisas que não necessitam uma da outra), sempre se portou com os escritores, ou melhor, sempre andou atrás dos escritores como os camponeses andavam atrás do tsar: para ter a verdade. E tanto melhor quando esse tsar era Lev Tolstói, e não Artsíbachev. Porque a Rússia tomou lições de vida até do *Sanin* de Artsíbachev![43]

A oração

O que podemos dizer de Deus? Nada. O que podemos dizer a Deus? Tudo. Versos para Deus são oração. E se hoje não existem orações (a não ser as de Rilke e daqueles poucos da Terra — outras eu não conheço), isso não é porque nada temos a dizer a Deus, ou porque nada temos a dizer a ninguém — há sim o que e a quem dizer —, mas é porque nossa consciência não nos permite louvar e orar a Deus na mesma linguagem em que, durante séculos, louvamos e rogamos, decididamente, tudo. Para que, hoje, ousemos dirigir diretamente a Deus nossa fala (nossa oração), é preciso não saber o que é a poesia ou esquecê-lo. Perder a fé.

Uma frase cruel de Blok: «Akhmátova escreve versos como se um homem estivesse

---

43 O romance *Sanin* (1907), de Mikhail Artsíbachev, caracterizou-se por tratar de modo escabroso temas que interessavam à geração russa que veio após a derrota na guerra contra o Japão. [N. T.]

olhando para ela; ao contrário, é preciso escrevê-los como se fosse Deus a olhar». Deixando de lado a primeira metade da frase, de certa forma ofensiva, que deve ser modificada por cada um de nós, a segunda metade é sagrada. Como diante de Deus, ou seja, *a confrontar-nos.*

Mas o que restará de nós? E a quem de nós?

Ponto de vista

Em relação ao mundo espiritual, a arte é uma espécie de mundo físico do espírito. Em relação ao mundo físico, a arte é uma espécie de mundo espiritual do físico.

A partir da terra, o primeiro milímetro de ar sobre ela — de céu, na verdade, pois o céu começa rente à terra, ou então não existe de vez. Se forem verificados à distância, os fenômenos ficam mais claros.

A partir do alto, do céu, sempre esse primeiro milímetro sobre a terra, mas o último visto do alto, ou seja, já quase terra e, do ponto mais alto, já de todo terra.

O ponto por onde olhar.

(Da mesma maneira, a alma, que o homem comum supõe que seja o vértice da espiritualidade, para o homem espiritual é quase carne. A comparação com a arte não é casual, pois a poesia — dela jamais desvio os olhos quando falo de arte —, todo o acontecer da poesia, desde os achados do poeta até a percepção do leitor, tudo se reproduz na alma, inteiramente, neste primeiro inferior eu da alma. O que não contradiz absolutamente a arte-natureza. Não existe natureza inanimada, só existe natureza não inspirada.

Poeta! Poeta! O mais animado e quão frequentemente — quem sabe devido à própria natureza da animação? — o menos inspirado dos objetos!)

Fier quand je me compare [Orgulhosa quando me comparo] — não! Pois menos que poeta não entra na comparação e eu tenho orgulho suficiente para não me comparar com quem está abaixo. Pois olho de baixo para cima; não para minha baixeza, mas para aquela altitude.

Humble, quand je me compare, inconnu quand je me considère [Humilde quando me comparo, desconhecida quando olho para mim], pois para olhar para alguma coisa é preciso elevar-se acima do que se vai observar, colocar entre si e a coisa todo um salto — a recusa da altura. Pois eu olho da altura!

A coisa que em mim é mais alta olha para a coisa que é mais baixa. E o que me resta dessa contemplação se não me estarrecer ou não reconhecer?

Pegava as folhas consumidas
E as olhava com gastura
Como as almas olham das alturas
O corpo que elas abandonaram.

Assim um dia olharei, ou melhor, assim já há tempos olho para meus versos...

O céu do poeta

O sacerdote serve a Deus do seu jeito — vocês, do seu. Sacrilégio. Enquanto escrevo *O jovem* — o amor de um vampiro por uma moça e o amor da moça pelo vampiro —, não estou servindo a nenhum Deus; sei a qual Deus sirvo. Quando escrevo sobre o tártaro nas imensas extensões, tampouco estou servindo um Deus a não ser o vento (ou o medo, ou as planícies). Todos os meus versos russos contêm o elemento natural, as forças da natureza, ou seja, o pecado. É preciso saber distinguir quais forças estão em jogo (*im Spiel*). Quando nós, finalmente, deixaremos de tomar a força pela verdade, e a magia — o feitiço — pela santidade!

A arte é tentação, talvez a mais derradeira, a mais sútil e invencível tentação da terra, aquela última nuvenzinha daquele último céu para o qual olhou, morrendo, aquele que já não olhava para nada e se esforçava por render em palavras suas tintas.

O irmão do irmão, aquele que já então havia esquecido todas as palavras: Jules Goncourt.

Um terceiro reino, com todas as suas leis, um reino do qual mal conseguimos escapar para nos salvar no céu superior (e quão frequentemente no mais baixo!). Terceiro reino, primeiro céu a partir da terra, segunda terra. Entre o céu do espírito e o inferno da espécie, a arte é o purgatório que ninguém quer abandonar pelo paraíso.

Quando, ao ver um sacerdote, um monge e até mesmo uma moça da Cruz Vermelha, eu inelutavelmente abaixo os olhos, sei por que o faço. Minha vergonha, ao ver um sacerdote, um monge e até mesmo uma moça da Cruz Vermelha, minha vergonha *sabe*.

A missão de vocês é uma missão divina.

Se o que escrevo liberta, ilumina, purifica — sim, se induz em tentação; se não, seria melhor que pusessem uma pedra em meu pescoço.

E quantas, quantas vezes, no espaço de um mesmo poema, de uma mesma página, de uma mesma linha, há tanto libertação quanto sedução. É o mesmo caldo duvidoso que ferve no caldeirão da bruxa. O que será que deitaram lá? O que será que cozinha?

Quantos matou e quão poucos salvou!

E o acusado pisca e diz:

Força obscura!
Mra terrível ofício!
Quantos matou!
Quão poucos salvou!

Tenho até medo de quando eu vá morrer... Por sinal, escrevo Mra, enquanto nome feminino, ressonância, desinência feminina, da morte. Mor. Mra. Poderia ser o nome da Morte, talvez em algum tempo, em algum lugar, ela tenha sido chamada Mra. A criação de palavras, como qualquer outra criação, é apenas seguir as pegadas do ouvido do povo e da natureza. Caminho pelo ouvido. *Et tout le reste n'est que littérature* [E todo o resto não passa de literatura].

O politeísmo do poeta. Eu diria: no melhor dos casos, nosso Deus cristão *entra* na fileira de seus deuses.

Nunca ateu, sempre adorando uma multidão de deuses, com uma única diferença: os poetas mais altos sabem qual Deus é mais antigo e mais importante (assim era para os pagãos). A maioria não sabe disso e alterna cegamente Cristo e Dioniso, sem compreender que a mera justaposição desses nomes é sacrilégio e apostasia.

A arte seria santa se tivéssemos vivido naquela época — ou aqueles deuses hoje. O céu do poeta se encontra exatamente no nível do pedestal de Zeus: o cume do Olimpo.

O caroço do caroço

> *E envias uma resposta.*
> *Ninguém te ecoa... Assim*
> *És tu, poeta!*
> Púchkin

Não poeta, mais que poeta, superpoeta, não só poeta mas — onde está, nisso tudo, *o poeta*? *Der Kern des Kernes*, o caroço do caroço?

O poeta é a resposta.

Do nível mais baixo, o simples reflexo, até o nível mais alto, a responsabilidade goethiana, o poeta é um determinado e inelutável reflexo da arte e da alma — talvez, simplesmente, da mesma matéria do cérebro, resposta a algo que já é pergunta. Púchkin disse: resposta a tudo. Resposta de um gênio.

É esse reflexo da alma e da arte, o caroço do caroço, aquilo que liga o autor sem nome de uma quadrinha popular ao autor da segunda parte de *Fausto*. Sem aquele caroço não existe o poeta, ou melhor, ele mesmo é o poeta. Nenhuma circunvolução do cérebro explica o milagre do poeta.

Reflexo anterior a cada pensamento, anterior mesmo a cada sentimento, corte rápido e profundíssimo qual corrente elétrica de todo ser tocado por esse fenômeno e, ao mesmo tempo, quase resposta antecipada a esse mesmo fenômeno.

Resposta não ao choque, mas à vibração do ar, da obra que ainda não se mexeu. Resposta ao pré-golpe. Na verdade, pré-resposta. Sempre ao fenômeno; nunca a uma pergunta. A pergunta é o próprio fenômeno. A obra do poeta golpeia, chora a si própria: autoflagelação e autopergunta. Ordem de responder dada pelo próprio fenômeno, que ainda não se manifestou e que vai manifestar somente através da resposta. Ordem? Sim, se o s.o.s. é uma ordem (a mais intransgressível de todas).

Antes que tenha sido (sempre *foi*, apenas não chegou ainda até o tempo, como aquela margem que ainda não chegou até a balsa). O motivo pelo qual a mão do poeta tantas vezes fica suspensa no ar se deve ao fato de que o apoio no tempo ainda não existe. (*Nicht vorhanden*). Pois que fique suspensa no ar a mão do poeta! Quem cria (procria, pré-cria) é o fenômeno. Esta mão suspensa no ar é o «seja!» do poeta, incompleto, cheio de desespero, mas, mesmo assim, criativo. *Seja!* («Quem me chamou?» Silêncio. «Tenho que criar quem me chamou, criar, ou seja, nomear.» Esta é a «reação» do poeta.)

E mais uma coisa. «Reflexo da alma e da arte.» Artisticamente dolorosa, pois nossa alma é aptidão à dor, e mais nada. (Não à dor de cabeça, à dor de dente, à dor de garganta — não, não, não etc. simplesmente à dor.)

Este é o caroço do caroço do poeta, à parte a *indispensável* capacidade artística — *a força da angústia*.

A verdade dos poetas

A verdade dos poetas é a mais invencível, a menos captável, a mais indemonstrável e, ao mesmo tempo, a mais convincente, uma verdade que vive dentro de nós apenas naquele primeiro instante obscuro da percepção (o que terá sido?) e que permanece dentro de nós como o traço de uma luz ou de uma perda (mas terá realmente sido?). Uma verdade sem resposta, sem consequências e — Deus nos livre — que nem é preciso procurar, pois, também para os poetas, ela é sem volta. (A verdade do poeta é uma senda onde as pegadas são logo cobertas pela vegetação. Não deixaria rastos nem para ele, caso fosse capaz de andar atrás de si mesmo.) O poeta não sabe o que *dirá* e muitas vezes não sabe nem o que está dizendo. Não sabe até que o diz e tão logo o diz já esqueceu. Essa não é uma das inúmeras verdades, mas é um dos inúmeros aspectos dessa verdade, que se anulam tão logo se confrontam. Os aspectos toda vez diferentes e irrepetíveis da verdade. Simplesmente uma picada no coração. Uma picada no coração do eterno. Por que meio? Pela comparação de duas palavras muito simples, que se colocam uma ao lado da outra exatamente dessa maneira. (Às vezes, separadas apenas por um hífen!)

Há ferrolhos que só se abrem graças a dada combinação de números: para quem a conhece parece uma brincadeira abri-los. Para quem não a conhece seria necessário um milagre, ou um acaso. Foi o que aconteceu com meu filho de seis anos, quando abriu o fecho da correntinha que lhe haviam colocado no pescoço e horrorizou o proprietário da dita corrente. Será que o poeta conhece a combinação dos números? (No caso dele, uma vez que seu mundo é fechado à chave e tem de ser aberto, cada vez é uma coisa diferente, cada poema é um cadeado e atrás de cada cadeado há uma verdade, sempre diferente, única e irrepetível, como o próprio cadeado.) Será que o poeta conhece, por acaso, *todas* as combinações?

Minha mãe tinha um dom: sabia o momento exato em que o relógio parava no meio da noite. Em resposta ao silêncio, e não a seu tique-taque. O silêncio dele, provavelmente, era o que a acordava. Ela conseguia mover os ponteiros no escuro, sem olhar. De manhã, o relógio marcava *aquela* hora: aquela hora absoluta, exatamente, que sempre escapou àquele infeliz e coroado observador de tantos quadrantes contraditórios e ouvinte de tantos sons desafinados.

O relógio marcava *aquela hora*.

Era acaso? Na vida de um indivíduo só há uma coisa que se repete toda vez: o destino. No mundo dos fenômenos: a lei. Aquela era a lei de sua mão. A lei do *saber* de sua mão. Não é que minha mãe tivesse um dom, a mão dela tinha um dom: o da verdade.

Não de brincadeira, como meu filho, não com segurança, como o dono da correntinha, não prevendo a coisa, como, digamos, um matemático, mas, cegamente e com previsão, obedecendo apenas à mão dela (que, por sua vez, obedecia a quê?). É assim que o poeta abre o cadeado.

Só lhe falta um gesto; o gesto seguro de si e seguro do cadeado, o gesto de proprietário do cadeado. Mas o poeta não é dono de nenhum cadeado. Nenhum deles lhe pertence. Por isso ele abre todos. Por isso, abrindo todos logo, não consegue abrir duas vezes o mesmo cadeado. Por não ser proprietário, mas apenas passante do segredo.

A condição da criação

A condição da criação é a da obsessão. Até começar, *obsession*; até terminar, *possession*. Algo, alguém, se instala dentro de você, sua mão é apenas um instrumento — não seu, de outrem. Quem é ele? É aquele que quer ser através de você.

Sempre fui escolhida por minhas obras em função de minha força; eu as escrevia — frequentemente — quase contra minha vontade. Todas as minhas obras russas foram assim. Certas coisas sobre o país queriam se expressar e escolheram a mim. E me convenceram, atraíram-me. Como? Com minha própria força. Só você! Sim, só eu. E entregando-me, muitas vezes às cegas, muitas vezes de olhos abertos, eu obedecia, procurava com o ouvido a tarefa sonora já estabelecida. E não era eu quem entre cem palavras (não rimas, mas no meio da linha) escolhia a centésima primeira. Quem a escolhia era ela (a obra!), que recusava todos os cem epítetos: não é assim que *eu* me chamo.

A condição criativa é a condição do sonho, quando você, de repente, obedecendo a uma necessidade desconhecida, incendeia uma casa ou atira um amigo do alto de uma montanha. Por acaso a ação é sua? Claro, é sua (pois é você quem dorme, é você quem *vê*, em sonho!). É uma ação realizada por você, sem consciência, na natureza.

Uma fileira de portas. Atrás de uma delas, alguém espera por você, ou alguma coisa (na maioria das vezes, alguma coisa horrível). As portas são todas iguais. Essa não, essa não, essa não, *aquela*. Quem me falou? Ninguém. Reconheço a porta de que preciso entre todas as outras (*aquela* porta entre todas as que não são aquela). Assim se dá com as palavras. Essa não, essa não, essa não, *aquela*. Da evidência de «essas não» reconheço *aquela*. Pela clareza de «não essa» reconheço *aquela*. Para aquele que dorme, que escreve, eis de repente o familiar, *o choque do reconhecimento*. Ah, não se engana a quem dorme! Ele conhece o amigo e o inimigo, conhece a porta e o abismo atrás da porta — e a tudo isso, ao amigo, ao inimigo, à porta, ao buraco, está condenado. Quem dorme não pode ser enganado nem mesmo por si próprio. Em vão digo a mim mesma: não passarei (pela porta), não olharei (pela janela). Sei que entrarei e enquanto ainda estou dizendo «não olharei» já estou dando uma espiada.

Ah, não salvarás a quem dorme!

Contudo, há, no sonho também, uma saída: quando ficar por demais terrível, eu acordo. No sonho, acordo; na poesia, teimo.

Alguém me disse uma vez a respeito dos versos de Pasternak: «São poemas maravilhosos, quando você os explica dessa maneira, mas seria necessário lhes acrescentar uma chave». Não é nos versos (nos sonhos) que deve ser acrescentada uma chave — os próprios versos são uma chave para a compreensão de tudo. Mas entre compreender e aceitar não há um passo — não há nenhum. Compreender é aceitar, não existe nenhuma outra maneira de entender, qualquer outra coisa é incompreensão. Não é por acaso que, em francês, *comprendre* significa ao mesmo tempo «compreender» e «abarcar», ou seja, já aceitar, incluir.

O poeta que não aceite uma espécie qualquer de força, de elemento natural e, consequentemente, de revolta não existe. Púchkin temia Nicolau I, idolatrava Pedro I e amava Pugatchov.[44] De fato, todos os alunos de uma poeta admirável, injustamente esquecida, que era também professora de História, assim responderam em coro à pergunta do inspetor de ensino «E então, filhos, quem é seu tsar favorito?»: «Gricha Otrepev!».[45]

Achem um poeta sem Pugatchov! Sem um falso tsar! Sem o corso *dentro* de si! Um poeta só pode não ter forças (meios suficientes) para seu Pugatchov. *Mais l'intention y est toujours* [Mas a intenção sempre está lá]. O que o homem não aceita (recusa e até mesmo rejeita) é a vontade, a razão, a consciência.

Nesse domínio, só pode haver um pedido quando o poeta reza: não compreender o

---

[44] Líder de uma grande rebelião cossaca e camponesa na Rússia, que aconteceu entre 1773 e 1775. [N. T.]

[45] É o primeiro «falso Demétrio» que se opôs a Boris Godunov (tsar da Rússia, de 1598 até sua morte, em 1605). Em 1605, Otrepev entrou em Moscou e, um ano depois, foi morto por ordem dos boiardos. [N. T.]

inaceitável. Se não compreendo, não me deixarei seduzir. A única reza do poeta é para não ouvir as vozes: se não as ouço, não responderei, uma vez que, para o poeta, ouvir já é responder e responder já é confirmar, nem que seja com a paixão de sua recusa. A única reza do poeta é se tornar surdo. Ou então, reduzir a qualidade do que ouve, ou seja, tapar os ouvidos a uma série de apelos, invariavelmente os mais fortes. A capacidade de escolher, que lhe vem de nascença — de ouvir apenas o que importa —, é uma graça que quase ninguém recebe.

(No navio de Ulisses não havia nem herói nem poeta. Herói é quem, mesmo não amarrado, mesmo sem cera nos ouvidos, é capaz de resistir; poeta é aquele que, mesmo que preso por cordas, se atira ao mar; é aquele que ouve mesmo com cera nos ouvidos, ou seja, novamente, se atira. A única coisa incompreensível de nascença para o poeta são as meias medidas das artes e da cera.)

Maiakóvski, por exemplo, não conseguiu vencer o poeta dentro de si e, desse modo, temos um monumento aos voluntários brancos, erigido pelo mais revolucionário dos poetas. (O poema «Crimeia», com doze versos imortais.) Não se pode deixar de perceber a malignidade dessas ou daquelas forças que escolhem seu arauto justamente entre os inimigos. Era necessário que quem nos desse essa última Crimeia fosse justamente Maiakóvski.

Quando, com treze anos de idade, perguntei a um velho revolucionário: «Pode-se ser poeta e, ao mesmo tempo, pertencer ao

Partido?», ele, sem ficar pensando, respondeu: «Não».

Assim respondo eu também: «Não».

Qual pode ser a força, qual o *daimon* que, naquele momento, se instalou em Maiakóvski, e o obrigou a escrever sobre Wrangel?[46] O movimento dos revolucionários, que hoje todos reconhecem, não era nenhuma força natural (a não ser as estepes que percorriam e os cantos que cantavam).

Não o movimento dos brancos, mas o Mar Negro, onde, após haver beijado três vezes a terra russa, desceu o comandante.

O Mar Negro daquele tempo.

Não quero servir de trampolim para ideias de outrem, de alto-falante para paixões de outrem.

De outrem? Existe o outrem para o poeta? Púchkin, em *O cavaleiro avaro*, apossou-se inclusive da avareza; em «Salieri»,[47] inclusive da falta de talento. Não por causa da estranheza, mas justamente por *afinidade*, Pugatchov começou a bater dentro de mim.

Então direi: não quero o que não é completamente meu, que não é evidentemente meu, que não é mais meu.

E se aquele mais meu (revelação do sonho) fosse, de fato, Pugatchov?

---

46 Piotr Nikolaievich Wrangel (1878-1928), general do Exército Branco. [N. T.]

47 Essas pequenas tragédias foram escritas por Púchkin, em Boldino, em 1830, durante uma epidemia de cólera. [N. T.]

Não quero nada, por aquilo que se passa às sete horas da manhã eu não respondo, e por aquilo (sem aquilo) que se passa em qualquer hora do dia ou da noite não morrerei.

«Por Pugatchov não morrerei» significa que *não é meu*.

O inverso do excesso da natureza é Cristo.

Aquele fim do caminho é Cristo.

Tudo o que está no meio está na metade do caminho.

E não cabe ao poeta, que por natureza tende a desviar, ceder seu desviar-se — a cruz inata de seu cruzamento! — em troca dos meios caminhos do social ou de qualquer outra coisa.

Dar a alma por seus amigos.

Apenas nisso pode vencer, no poeta, a força da natureza.

Intoxiqués[48]

Quando me encontro entre literatos, artistas, gente assim, sempre tenho a impressão de estar entre… *intoxiqués*.

«Mas quando você está com um grande artista, com um grande poeta, você não diz isso, ao contrário: são todos os outros que lhe parecerão envenenados.» (Conversação após um sarau literário.)

....

48 Intoxicados, em francês. [N. T.]

Quando digo que os artistas são intoxicados, não quero absolutamente dizer que sejam tomados *pela arte*.

A arte é o meio através do qual a força da natureza, o elemento natural, possui-nos, toma-nos (nós — pelos elementos naturais); não se trata da possessão, mas do estado de possessão.

Não é por obra de suas duas mãos que é possuído o escultor, nem o poeta o é por obra de uma mão!

Ser possuído pelo trabalho manual significa que alguém (algo) nos tem em suas mãos.

Isso quanto aos grandes artistas.

Mas existe também a possessão pela arte, uma vez que existem — e em quantidade maior que aquela de poetas — pseudopoetas, incontáveis estetas que se entopem de arte e não de elementos naturais, criaturas perdidas tanto para Deus quanto para os homens, e perdidas inutilmente.

O *daimon* (o elemento natural) paga suas vítimas: você me dá o sangue, a vida, a consciência, e eu lhe dou tamanho conhecimento da força (pois a força é minha!), tamanho poder sobre todos (não sobre si próprio, pois você é meu!), tamanha liberdade (nas minhas presas), que qualquer outra força vai lhe parecer ridícula, qualquer outro poder, pequeno, qualquer outra liberdade, restrita.

E qualquer outra prisão, imensa.

A arte não paga suas vítimas. Ela nem as conhece. É o patrão quem paga os operários, não a máquina. Eles podem apenas deixá-la sem mão. Quantos poetas mancos eu vi! Com mãos perdidas para qualquer outro trabalho.

A timidez do artista diante de sua obra. Esquece que não é ele quem escreve. Palavras de Viatchesláv Ivánov (na Moscou de 1920, quando ele me convencia a escrever um romance): «É só começar! Já na terceira página você perceberá que não há nenhuma liberdade»; ou seja: vou me encontrar em poder da obra, em poder do *daimon*, e serei apenas uma serva submissa.

Esquecer a si próprio é, antes de mais nada, esquecer sua fraqueza.

Quem, apenas com as mãos, conseguiu, alguma vez, alguma coisa?

Permitir ao ouvido que ouça, à mão que corra e que *pare*.

Não é por nada que cada um de nós, ao terminar um trabalho, exclama «Como me saiu bem!», e não «Como o fiz bem!». Não «saiu bem», mas «saiu milagrosamente bem», sempre graças ao milagre, e é algo sagrado, mesmo se não é Deus que o envia.

Mas não há uma parte da vontade nisso tudo? Sim, enorme. Nem que seja a de não se desesperar, quando se espera o tempo bom no mar.

Em cem versos, dez deles são dados; noventa não se dão ou se entregam como uma fortaleza, são os versos que eu conquistei, ou seja, que ouvi. Minha vontade é meu ouvido: não cansar de ouvir até sentir, e não escrever nada que não tenha sentido. Não se deve temer a folha preta (garatujada, rabiscada durante as buscas infrutíferas) nem a folha branca, mas a *minha* folha: a que depende apenas de minha vontade.

A vontade criativa é a paciência.

Parêntese sobre o tipo de ouvido

Não é um ouvido metafórico, mesmo que não seja físico. Não é físico, na medida em que você não ouve nenhuma palavra, ou se ouve não a compreende, como num devaneio. O ouvido físico só pode dormir, ou então não faz chegar o som: ele é substituído por outro tipo de ouvido.

Não ouço palavras, mas certa melodia muda na minha cabeça, uma espécie de linha sonora — da alusão à ordem, mas agora seria longo demais explicar. É um mundo inteiro à parte, e falar dele é uma tarefa toda especial. Estou convencida de que aqui também, como em tudo, há uma lei.

Por enquanto: ouvido fiel sem orelhas, ou seja, mais uma prova de que: existe!

O pseudopoeta lê a arte como sendo Deus e ele mesmo cria esse Deus (por causa disso, espera dele a chuva!).

O falso poeta faz sempre tudo sozinho. Indício da poesia falsa: a falta de versos *dados*. Existem grandes mestres no meio deles.

Mas isso acontece também aos poetas e aos gênios. No *Hino à Peste* há dois versos que são apenas do autor. Ei-los:

E feliz aquele que no meio das angústias
Teve o condão de prová-los, descobrindo-os

Púchkin, livre do *daimon* por um segundo, não teve a paciência de esperar. É isso e não outra coisa que aconteceu quando nós, em nossos poemas ou nos de outrem, descobrimos um verso capenga, encontramos aquela «água» poética que nada mais é do que a *seca da inspiração*. Vejamos o trecho inteiro:

Há ebriedade na batalha
E na orla escura do abismo,
E na fúria desmedida do oceano,
Nas vagas terríveis, no escuro tempestuoso,
E nos vendavais da Arábia,
E no soprar da Peste!
Tudo, tudo o que é ameaça de morte,
Ao coração mortal esconde
Gozos inexplicáveis — penhor,
Quem sabe, de vida imortal!
E feliz é aquele que no meio das angústias
Teve o condão de prová-los, descobrindo-os.

E agora, palavra por palavra:
«*E feliz é aquele*» — é pouco, pouco e fraco depois dos absolutos do gozo da ebriedade, uma repetição evidente, um enfraquecimento, uma queda — «*que no meio das angústias*» — que angústias? De novo, que palavra pequena (e que coisa pequena!). Depois de tantos abismos e vendavais! A alegoria da angústia do dia a dia depois da realidade fiel das vagas do oceano. «*Gozos inexplicáveis*» — será alemão, por acaso?

De qualquer maneira, não parece Púchkin e não parece russo, mas vamos em frente: «*teve o condão de prová-los, descobrindo-os*» (repetição, porque quem os conheceu, já os provou, já os experimentou). E como não ter o condão, neste caso? Não deixa de ser um galicismo: «*heureux celui qui a pu les connaître*» [Feliz aquele que pode conhecê-los]. De maneira geral, o tom *raisonné* [sentencioso] fica estranho nesse turbilhão.

Isso acontece quando a mão leva a melhor sobre o ouvido.

Voltando aos falsos poetas.

O falso poeta. O poeta. Vítima da literatura. Vítima do *daimon*. Ambos se perderam para Deus (para a causa, para o bem), mas, se é para se perder, então que seja com honra, para cair sob um jugo mais alto.

Infelizmente, não se escolhem os patrões.

Parêntese sobre o poeta e a criança

Muitas vezes se compara o poeta com a criança devido à sua incoerência. Eu compararia ambos, antes, devido à sua irresponsabilidade. Irresponsabilidade em tudo, a não ser no jogo.

Se você entrar nesse jogo com as leis humanas (éticas) e de vida (sociais), destruirá ou porá fim ao jogo.

A introdução de sua consciência turvará a nossa (criativa). «Não se joga assim.» Não é *assim* que se joga.

Ou proibir de jogar de vez (nós, às crianças; Deus, a nós), ou não se intrometer.

Aquilo que para você é «jogo», para nós é a única coisa séria.

Nem morrendo seríamos mais sérios.

Quem, por que e a quem julgar

Numa pessoa se instalou o *daimon*. Julgar o *daimon* (elemento natural)? Julgar o fogo que queima a casa?

Julgar a mim? Admitamos.

Por que motivo? Por não ter suficiente consciência, vontade, força, por *fraqueza*?

Responderei com uma palavra.

Por que, de todas as pessoas que andam pelas ruas de Moscou e Paris, o *daimon* achou justamente a mim e me tomou de um modo que, olhando do lado de fora, não tenho baba na boca nem tropeço no chão liso e não me levam para o hospital ou para a delegacia?

Por que, se sou possuída, essa inocência (aparência) exterior de minha possessão (escrever versos, o que há de mais inocente?)? E, se sou criminosa, por que essa decência de meu crime? Por que, se tudo isso é assim, não tenho uma marca em meu corpo? Deus arranca toda a erva daninha, então por que não arranca *esta*?

Por que, ao contrário, em lugar de me fazer voltar à razão, incentivam-me e, em lugar de me condenar, afirmam minha impunidade?

Eu faço uma coisa *ruim*!

A sociedade (o coro dos seduzidos): «Não, você faz uma coisa *sagrada*».

Pois mesmo o mais ideológico de todos os governos do mundo fuzilou um poeta não por causa de seus poemas (por causa da essência), mas por suas ações, que qualquer um poderia realizar.

Por que eu mesma devo ser médica, domadora e quem escolta?

Não é por acaso exigir demasiado?

Darei uma resposta. Tudo o que sabe é *notoriamente* culpado. Devido ao fato de que me foi dada uma consciência (o saber), eu — uma vez e para sempre, em todos os casos de transgressão de suas leis: fraqueza de vontade ou força do dom (em mim, golpe) — sou culpada.

Diante de Deus, não dos homens.

A quem cabe julgar? A quem sabe julgar. As pessoas não sabem, não sabem a tal ponto que me fazem perder meu último saber. E se julgam — tal como aquele governo que mencionei — não é por meus versos, mas por minhas ações (como se o poeta pudesse fazer outra coisa, como pudesse fazer além!), pelas casualidades da vida, que são apenas consequências.

Eu, por exemplo, sou julgada por não mandar para a escola meu filho de seis anos (seis horas da manhã!). Eles não entendem que não o mando justamente porque escrevo versos:

Deu-se! Ele só, entre céu e água...
Eis a escola para ti, que odeias as escolas!

E no peito fatal, que uma estrela atravessa,
Éolo irrompe, rei dos ventos fatais.[49]

Pois eu escrevo esses versos justamente porque não o mando para a escola.

Louvar meus versos e me julgar por não enviar à escola meu filho? Que lambedores de creme são vocês! [Que delicados são vocês!]

Vamos pensar um pouco em como lecionam literatura no ensino básico. Aos mais jovens eles dão «O afogado», de Púchkin, e se admiram quando eles se assustam. Aos mais velhos dão para ler a «Carta a Tatiana» e se admiram quando eles se apaixonam (ou se dão um tiro). Dão-lhes uma bomba e se admiram quando ela explode.

E, só para terminar com a escola:

Se lhe agradam aqueles versos de Byron, deixem livres seus filhos (ou seja, paguem por seu «me agrada»), ou então reconheçam que «me agrada» não é medida das coisas nem dos versos, só é medida de sua (como da do autor) mesquinhez. Trata-se de nossa fraqueza comum diante do elemento natural, pela qual — em certo momento e ainda aqui, nesta terra — teremos que pagar.

Ou mandem as crianças para a escola.

Ou, então, arranquem os versos dos livros.

---

49 De «Versos a Byron». [N. A.]

Não dou a ninguém o direito de julgar o poeta. Isso, porque ninguém sabe. Só os poetas sabem, mas eles não julgarão. E o padre vai absolvê-los.

O único juízo para o poeta é o juízo próprio.

Mas, além do juízo, há a luta: minha luta com os versos; a de vocês com meus versos. Não nos entregaremos: nem eu a eles nem vocês a mim. (E nunca a vocês!) Não vamos nos iludir.

Onde está aquele padre que no fim não absolverá meus versos?

Conclusão

Mas, ordem ou oração, que os elementos naturais nos peguem pelo medo ou compaixão, todas as saídas são sem esperança: nem a cristã nem a social nem outra qualquer. Não há abordagem que leve à arte, pois ela própria é conquista. (Quando está se apaixonando, ela já agarrou você.)

Um exemplo. Boris Pasternak, com toda a pureza de seu coração, com todos os materiais, escreve, copiando da vida — copiando inclusive suas faltas — *O tenente Schmidt*, e os protagonistas são as árvores no comício. Na praça de Pasternak, elas são as cabeças. Qualquer coisa que escreva Pasternak, são sempre as forças de natureza, e não os personagens; assim, no *Potiómkin*, é o mar, e não os marinheiros. Seja louvado Pasternak (a consciência humana de Boris) por seus marinheiros, e seja louvado o mar, seja louvado o talento pelo mar, esse mar insaciável ao qual não bastam todas as nossas goelas e que a todas as nossas consciências e nossas ciências vencerá sempre.

Por isso, se quiser servir a Deus ou aos homens, se em geral quiser servir à causa do bem, entre para o Exército da Salvação ou para qualquer outro e *deixe a poesia de lado*.

Se, ao contrário, seu dom de cantar é insuprimível, não se deixe iludir pela esperança de servir, mesmo que tenha escrito [como Maiakóvski] *Cento e cinquenta milhões*. É apenas seu dom de cantar que serviu você; amanhã, você vai servi-lo. Ou seja, será jogado por ele a trinta terras ou trinta mares longe do objetivo estabelecido.

Vladímir Maiakóvski, depois de ter servido por doze anos, sem parar, com fé e verdade, com o corpo e a alma...

Toda minha força sonora de poeta
Eu dou a você — classe, ao ataque!

... acabou mais fortemente que com um poema lírico com um lírico tiro. Por doze anos seguidos, o homem Maiakóvski matou dentro de si o poeta Maiakóvski; no décimo terceiro, o poeta se rebelou e matou o homem.

Se houve suicídio naquela vida, ele não está onde o veem e não durou o tempo de apertar o gatilho, mas doze anos.

Nenhum censor, nem o mais feroz crítico de Púchkin, foi tão justiceiro como Maiakóvski foi de si mesmo.

Se houve suicídio naquela vida, não foi um só, mas dois, e ambos não são suicídios: o primeiro é um levante e o segundo, uma festa. Vitória sobre a natureza e glorificação dela.

Maiakóvski viveu como homem e morreu como poeta.

Ser homem é mais importante porque é mais necessário. O médico e o padre são mais necessários que o poeta porque ao leito de morte estão eles, e não nós. O médico e o padre são humanamente mais importantes e todos os outros o são socialmente. (Se a sociedade é importante por si é outra questão, e a ela só responderei numa ilha.) Com exceção dos parasitas, em todas as suas variedades, todos são mais importantes do que nós.

Sabedora disso, em minha plena razão e firmeza de memória, ao escrever, afirmo, com não menos razão e memória não menos firme, que por nada neste mundo eu mudaria o que faço. Conhecendo mais, crio menos. É por isso que para mim não há absolvição. Somente aqueles como eu terão, no Juízo Final, que prestar conta de sua consciência. Mas, se houver um Juízo Final da palavra, diante dele eu sou pura.

Biblioteca Âyiné

1. Por que o liberalismo fracassou?
   Patrick J. Deneen
2. Contra o ódio
   Carolin Emcke
3. Reflexões sobre as causas da liberdade e da opressão social
   Simone Weil
4. Onde foram parar os intelectuais?
   Enzo Traverso
5. A língua de Trump
   Bérengère Viennot
6. O liberalismo em retirada
   Edward Luce
7. A voz da educação liberal
   Michael Oakeshott
8. Pela supressão dos partidos políticos
   Simone Weil
9. Direita e esquerda na literatura
   Alfonso Berardinelli
10. Diagnóstico e destino
    Vittorio Lingiardi
11. A piada judaica
    Devorah Baum
12. A política do impossível
    Stig Dagerman
13. Confissões de um herético
    Roger Scruton
14. Contra Sainte-Beuve
    Marcel Proust
15. Pró ou contra a bomba atômica
    Elsa Morante
16. Que paraíso é esse?
    Francesca Borri
17. Sobre a França
    Emil Cioran
18. A matemática é política
    Chiara Valerio
19. Em defesa do fervor
    Adam Zagajewski
20. Aqueles que queimam livros
    George Steiner
21. Instruções para se tornar um fascista
    Michela Murgia
22. Ler e escrever
    V. S. Naipaul
23. Instruções para os criados
    Jonathan Swift
24. Pensamentos
    Giacomo Leopardi
25. O poeta e o tempo
    Marina Tsvetáeva

Composto em Baskerville e Helvetica
Belo Horizonte, 2022